Anna Kistler / Stefanie Schneider

Rechnen ohne Stolperstein

Band 2B

Zahlenraum bis 20
Zehnerzahlen bis 100

Arbeitsheft / Fördermaterial

Cornelsen

Projektleitung: Sylvia Bernard-Dronia, München
Redaktion: Sabine Müthing, Castrop-Rauxel
Illustration: Anja Lindemann, Potsdam
Umschlaggestaltung: Corinna Babylon, Berlin
Umschlagillustration: Kristina Klotz, München
Technische Umsetzung: LemmeDESIGN

www.cornelsen.de

3. Auflage, 4. Druck 2025

Druck: H. Heenemann, Berlin

ISBN 978-3-589-15986-4

PEFC
PEFC/04-31-1156

PEFC-zertifiziert
Dieses Produkt stammt aus nachhaltig bewirtschafteten Wäldern
www.pefc.de

Inhaltsverzeichnis

Vorbemerkungen

Die Gesetzmäßigkeiten der Mathematik eignen sich hervorragend zum eigenen Entdecken. Die Darbietung des Unterrichtsstoffes in Schulbüchern bietet Kindern mit Schwierigkeiten beim Rechnen aber in der Regel zu wenig Struktur. Damit auch Kinder mit Problemen zum Nachdenken ermutigt werden, müssen Beispiele angeboten werden, die überschaubar sind, sich in Zahlenräumen bewegen, die für die Kinder erfassbar sind, und besondere Schwierigkeiten gesondert thematisieren. Kinder können so ihr Vorwissen aktivieren und auf höhere Zahlenräume übertragen.

Eltern und Lehrkräfte nehmen oft Probleme beim Erlernen des Rechnens nicht wahr, die für Kinder zum Stolperstein werden können. Im numerischen Bereich stolpern viele Kinder beim Übergang vom konkret-anschaulichen zum abstrakten Rechnen. Das Zählen mit den Fingern oder „Rechendrill" helfen da nicht weiter. Mit der Verwendung der Mengenbilder in Zweieranordnung, die sehr einprägsam ist, wird den Kindern eine „Brücke" zur Abstraktion geboten. Ihr abstraktes Denken wird durch anschauliche Mengenbilder unterstützt und geprägt, mit denen sie dann zu „wirklichen" mathematischen Operationen (nicht zum Dazuzählen mit den Fingern etc.) fähig sind. Zudem eignen sich diese Mengenbilder dazu, den erweiterten Zahlenraum in unserem Dezimalsystem auf anschauliche Weise aufzubauen.

Durch die **Zweieranordnung** der Mengen können besondere Schwierigkeiten wie z. B. die Zehnerübergänge anschaulich dargestellt werden. Die Ursprünge der Zweieranordnung gehen auf Kühnel in den Zwanzigerjahren zurück.[1] Die „Formzahlbilder" wurden von Prof. Dr. Schröter erprobt.[2]

Eine weitere Hilfe ist es, jede Menge mit einem einprägsamen **„Standard"** (Margarita Wittoch) zu verbinden, an den sich ein Thema anschließt (z. B. Thema „Spielen" bei der Menge 5 in Anlehnung an den Standard „Hand"). In den höheren Zahlenräumen werden Themen verwendet, die im Unterricht gezielt bei der Einführung eines neuen Lernschritts zum Entdecken durch Handeln anregen sollen.

Auch der **immer gleiche Aufbau der Mengen und Übungsformen** kommt Kindern mit Rechenproblemen entgegen. Er ermöglicht es ihnen, die Aufmerksamkeit innerhalb der einzelnen Lernschritte auf Inhalte zu richten. Sie können so im eigenen Tempo, relativ selbstständig, im Stoff voranschreiten.

In dem vorliegenden Band werden diese Hilfen konsequent eingesetzt.

---

[1] Vgl. KÜHNEL, J. (1922): Neubau des Rechenunterrichts, Leipzig (Klinkhardt)
[2] Vgl. SCHRÖTER, G. (1989): Mathematik in der Grundschule – Die Methode der Formzahlbilder, Regensburg (Wolf)

Ausgewählte weiterführende Literatur

ABELE, A.; KALMBACH, H. u. a. (1993): Handbuch der Grundschulmathematik. 1. und 2. Schuljahr. Stuttgart
ASTER, M. v.; LORENZ, J. H. (Hrsg.) (2005): Rechenstörungen bei Kindern. Göttingen (Vandenhoek & Ruprecht)
DIMIDI – Deutsches Institut für medizinische Dokumentation und Information (Hrsg.) (1994)
FRITZ, A.; RICKEN, G.; SCHMIDT, S. (Hrsg.) (2003): Rechenschwäche. Weinheim, Basel, Berlin (Betz)
GANSER, B. (Hrsg.) (1995): Rechenstörungen (1. Aufl.). Donauwörth (Auer)
GANSER, B. (Hrsg.) (2004): Rechenstörungen (5. überarb. Aufl.). Donauwörth (Auer)
GERSTER, H.-D. (1982): Schülerfehler bei schriftlichen Rechenverfahren. Freiburg (Herder)
GRISSEMANN, H.; WEBER, A. (1990): Grundlagen der Praxis der Dyskalkulietherapie. Stuttgart (Huber)
ICD-10, Internationale statistische Klassifikation der Krankheiten und verwandter Gesundheitsprobleme. Bd. 1. Stand August 1994. Bern (Huber), S. 387.
KÜHNEL, J. (1922): Neubau des Rechenunterrichts. Leipzig (Klinkhardt)
LORENZ, J. H.; RADATZ, H. (1993): Handbuch des Förderns im Mathematikunterricht. Hannover (Schroedel)
SCHRÖTER, G. (1989): Mathematik in der Grundschule – Die Methode der Formzahlbilder, Regensburg (Wolf)

Hinweise zur Arbeit mit Band 2A und 2B

Da Handlungen Voraussetzungen für das Verständnis des symbolischen und abstrakten Rechnens sind, haben wir für alle Mengen je ein Thema aus dem Erfahrungsbereich der Kinder ausgewählt. Mit diesem lassen sich mit wenig Aufwand vielfältige Spielsituationen schaffen, in denen die Kinder mathematische Strukturen erkennen können. Zudem wirken diese Situationen als Anker, die ein späteres Abrufen erleichtern (vgl. auch Wittochs Standards).

In unserem Dezimalsystem ist es von entscheidender Bedeutung, im Mengenbereich bis 10 sicher zu sein. Alle weiteren Zahlenräume lassen sich analog erschließen. Das Zerlegen und Ergänzen der Mengen bis 10 ist die wichtige Voraussetzung für die Durchführung des Zehnerübergangs. Kinder mit besonders großen Problemen sind mit dem Zerlegen bzw. Ergänzen in Form von Gleichungen oft überfordert. Deshalb verzichten wir zu Beginn jeder Menge auf Gleichungen. Das Zerlegen als Handlung dient hier der Festigung des Zahlenraums.

Das Lösen von Sachaufgaben ist für einige Kinder kaum zu bewältigen. Eine mögliche Strukturierungshilfe ist die Anwendung der bereits bei der Seriation verwendeten Verbalisierung in Verbindung mit Platzhaltern für die zu notierende Gleichung.

5	+	3	=	8
Wie viele sind am Anfang da?		Was passiert?		Wie viele sind es am Schluss?

Anhand von spielbaren Beispielen können die Kinder selbst herausfinden, welche mathematischen Operationen dargestellt werden. „Rechnen ohne Stolperstein“ beschränkt sich hier auf wenige ausgewählte Beispiele, deren Prinzipien durch vielfältige Handlungen im Unterricht überprüft werden können.

Beispiel zur Menge 8: Thema Geburtstagsfeier: 5 verpackte Geschenke stehen schon auf einem Tisch, 3 Kinder kommen noch mit je einem Geschenk dazu, Gleichung wird notiert (5 + 3 = 8).

In Band 2 B werden Grundlagen für das Verständnis des Dezimalsystems gelegt. Die Begriffe Zehner („volle Zehner-Schachteln“) und Einer müssen durch vielfältige Handlung gesichert werden. Beim Thema „Schule“ lassen sich zahlreiche Materialien hierfür finden (z. B. 10er-Packungen Filzstifte). Auch sollten rechenschwache Kinder nur Zehner bündeln, andere Mengenbündel verwirren unserer Erfahrung nach. Die Farbhilfe (Zehner rot, Einer blau) unterstützt dies und beugt Schwierigkeiten beim richtigen Schreiben der Zahlen vor.[1]

Weiterhin zentral ist im Zahlenraum bis 20 die erste Begegnung mit dem Zehnerübergang, der hier verstanden werden muss und später auf komplexere Aufgaben übertragen wird. Nach Handlung an konkreten Materialien bieten die Rechenplättchen eine sehr anschauliche, klare Form der Vermittlung. Eine immer gleichbleibende Verbalisierung unterstützt das Verständnis (z. B. Wie viele innen, wie viele außen?). Zur Orientierung bei der Zerlegung haben wir die sogenannte Zehner-Schachtel als rot zu malenden Rahmen in die Notation aufgenommen.

---

[1] Vgl. „visuell-arabisches Modul“ des „Triple Code Modells“ nach DEHAENE, beschrieben in: ASTER, M. v.; LORENZ, J. H. (Hrsg.) (2005): Rechenstörungen bei Kindern. Göttingen (Vandenhoek & Ruprecht}

Der Band enthält auch Anregungen, wie Kinder verschiedene Rechenwege finden können (z. B. „Zehnertrick"). Anspruchsvollere Aufgaben, in denen das mathematische Verständnis der Mengen und ihrer Teile besonders wichtig ist, wurden u. a. mit den sogenannten Denk- und Umkehraufgaben eingefügt. Als Abrufhilfe für die Kinder haben wir Symbole gewählt, die sich auf die jeweilige Einführungssituation beziehen, z. B. überkreuzte Hände bei den Tauschaufgaben.

„Rechnen ohne Stolperstein" bietet den Kindern viele Anlässe, den Unterrichtsstoff durch eigene Aktivität zu durchdringen und zu vernetzen. Durch die Beibehaltung der Begrenzung von Zahlenräumen (Mengen bis 6, 7, ... ZR bis 20 ...) können auch Kinder mit Rechenproblemen Sicherheit gewinnen und eigene, sinnvolle Rechenstrategien entwickeln.

Hinweise zum Umgang mit den Rechenplättchen

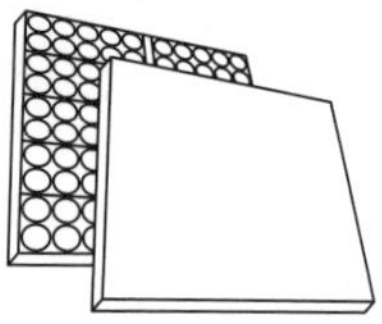

Zu „Rechnen ohne Stolperstein" gibt es strukturiertes Rechenmaterial („Rechenplättchen", ISBN 978-3-87101-496-3), das die Kinder beim Lernen unterstützt. Es folgen nun einige Hinweise zum Einsatz dieser Rechenplättchen:

Dem Einsatz der Rechenplättchen müssen konkrete Handlungen aus dem Erfahrungsbereich der Kinder vorausgehen. Besonders bei jedem neuen Rechenschritt sollte konkret gehandelt werden. Anregungen hierzu finden sich in den Einführungen der Rechenhefte, z. B. das Thema „Die sieben Zwerge" bei der Zahl 7.

Addition:
Eine neue Menge entsteht durch Zusammenschieben zweier Plättchen. Sie werden so aneinander gelegt, dass bei der Summe die Gestalt der Zweieranordnung erhalten bleibt.

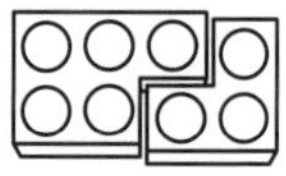

5 + 3

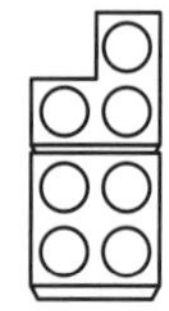

4 + 3

Subtraktion:
Die Ausgangsmenge wird mit Plättchen gelegt. Die Menge, die abgezogen werden soll, wird mit der jeweiligen Minusfolie (auf diese Weise bleibt die Gleichung ersichtlich) oder mit dem entsprechenden Plättchen abgedeckt.

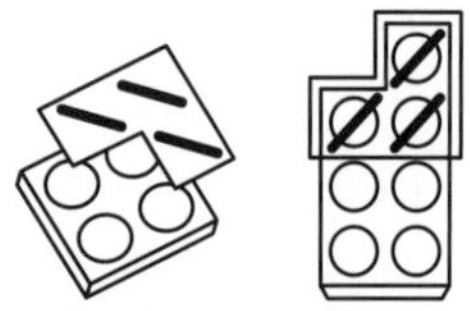

4 – 3

Zerlegen:
Die Ausgangsmenge wird mit Plättchen gelegt. Die vorgegebene Teilmenge wird mit einer Bleischnur, einem Stift, einem Band o. Ä. abgetrennt, die Zerlegung in zwei Mengen wird sichtbar. Die Zerlegungsmöglichkeiten der Mengen bis 9 sind wichtige Voraussetzungen für den Zehnerübergang!

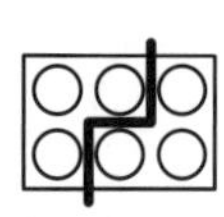

6 = 3 + 3

Zum Rechnen bis 20

Zehner-Schachtel: Sie symbolisiert die Bündelung des Zehners, unterstützt durch die Signalfarbe Rot („Deckel zu – Zehner voll“). Operationen ohne Zehnerübergang: Siehe oben, Zahlen bis 10, jedoch mit gefüllter Zehnerschachtel und Einern.

Zehnerübergang ⊕

9 + 3

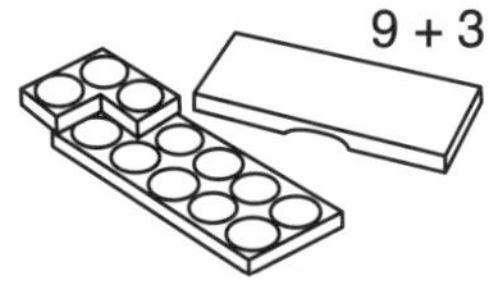

In die offene Zehnerschachtel wird die Ausgangsmenge (1. Summand) gelegt. Die zu addierende Menge (2. Summand) kommt zur Ausgangsmenge in die Zehnerschachtel. Es wird ersichtlich, in welche Teilmengen der 2. Summand zerlegt werden muss. Die Zehnerschachtel wird aufgefüllt, der Deckel geschlossen, die Restmenge außen dazugelegt („Wie viele innen, wie viele außen?“). Meist genügt es aber, den zweiten Summanden dazuzulegen, durch das Überstehen wird die Restmenge ersichtlich.

Zehnerübergang ⊖

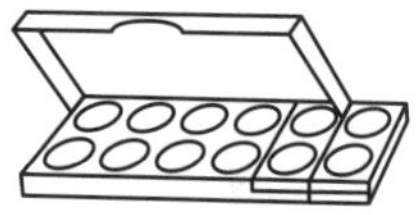

12 – 4

Die Ausgangsmenge (Minuend) wird mit Zehner-Schachtel und Einer-Plättchen gelegt. Zehner-Schachtel und Einer werden direkt aneinander geschoben. Die Menge, die abgezogen werden soll (Subtrahend), wird mit der Minusfolie (oder dem entsprechenden Plättchen) abgedeckt. Die Schachtel muss hierzu geöffnet werden. Die Subtraktion in zwei Schritten wird deutlich („Wie viele außen, wie viele innen? Wie viele bleiben übrig?“). Im Fall ungerade minus gerade Zahl kann der Subtrahend zerlegt werden oder der nicht erfasste Einer wird in der Schachtel mit dem Finger abgedeckt. Diese Aufgaben sollten jedoch nicht bei der ersten Begegnung mit diesem Thema benutzt werden!

Für Kinder mit sehr großen Verständnisschwierigkeiten sollten die Zehnerübergänge bei Zerleg- und Ergänzungsaufgaben nicht thematisiert werden!

Zehnerübergang Zerlegen

Die Ausgangsmenge wird mit Plättchen gelegt. Um die gegebene Teilmenge mit der Bleischnur abtrennen zu können, muss die Zehner-Schachtel geöffnet werden. Deutlich zu sehen ist, wie sich die zweite Teilmenge zusammensetzt („Wie viele innen, wie viele außen?“).

Allgemeine Hinweise:

Äußere Ordnung ist eine wichtige Orientierungshilfe beim Rechnen:

- Zu Beginn jeder Rechenstunde sollten die Plättchen geordnet auf dem Arbeitstisch/-teppich liegen.
- In die grüne Schachtel (Hunderter-Schachtel) geordnet, ergeben immer zwei Mengen 10 (1/9, 2/8, 3/7 usw.).
- Der Deckel der Hunderter-Schachtel kann als Arbeitsbegrenzung (Legefläche) für die aktuelle Aufgabe benutzt werden.

Die Zahlen bis 20

20 Zahlen bis 20

In jeder Schachtel sind 10 Eier! Schreibe auf!

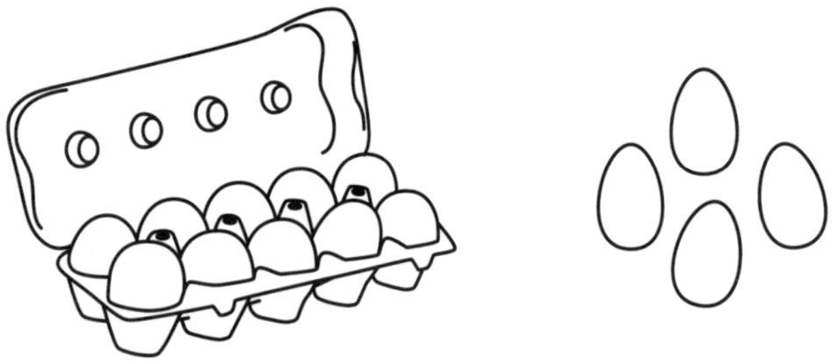

rot: Zehner-Schachteln	blau: Einzelne

Kreise immer 10 Eier rot ein!

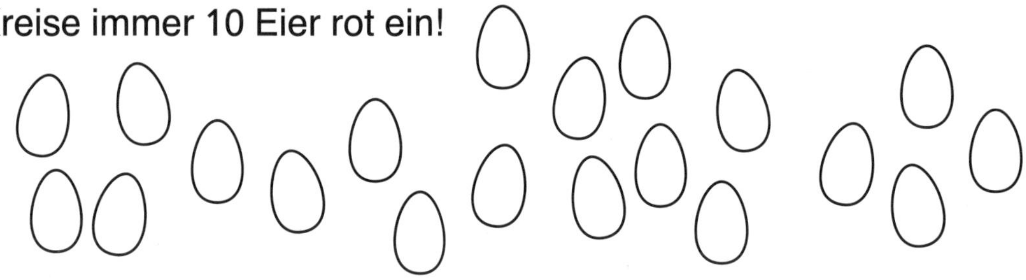

rot: Zehner-Schachteln	blau: Einzelne

Kreise immer 10 Eier rot ein! Schreibe auf!

rot: Z	blau: E

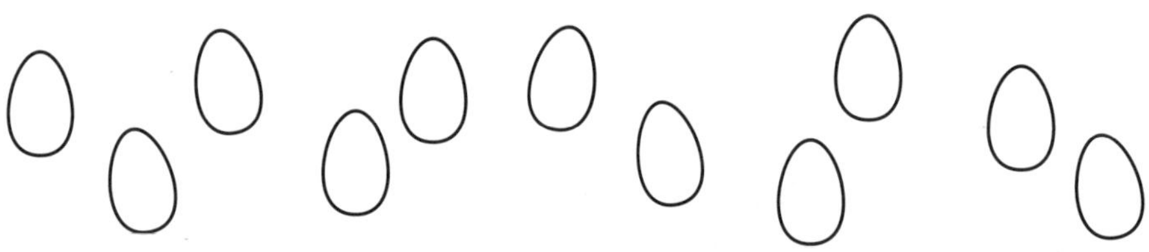

Z	E

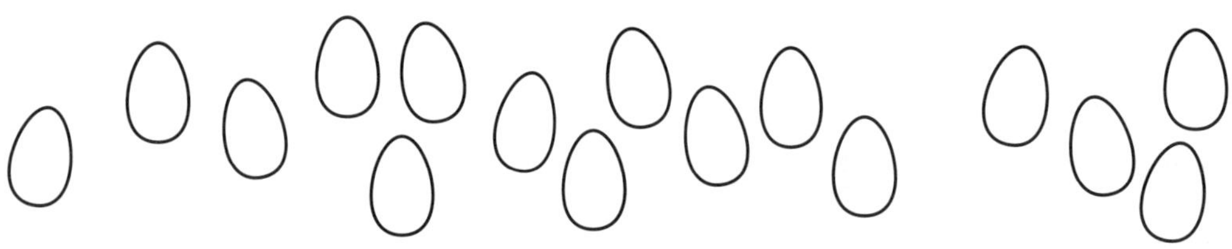

Z	E

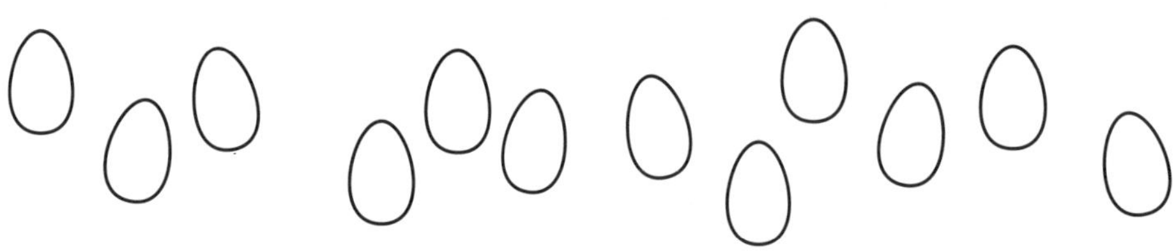

Z	E

Kistler/Schneider: Rechnen ohne Stolperstein, Band 2B. Illustrationen: Anja Lindemann

20 Zahlen bis 20

Schreibe Zehner rot, Einer blau!
Umfahre volle Schachteln rot, male Einer blau!

Schreibe Zehner rot, Einer blau! Umfahre volle Schachteln rot, male Einer blau!

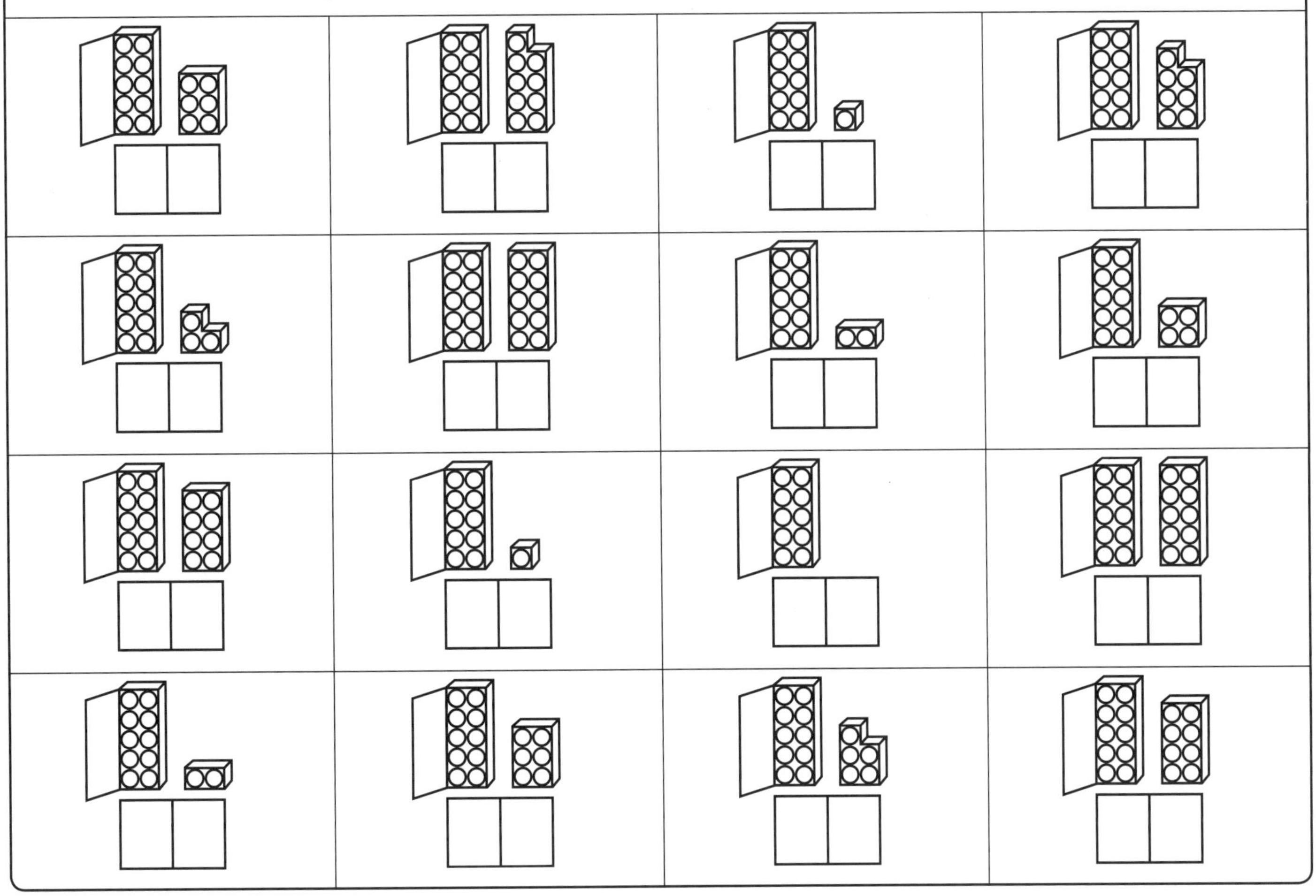

Male rot und blau! Schreibe die Zahlen dazu!

20 Zahlen bis 20

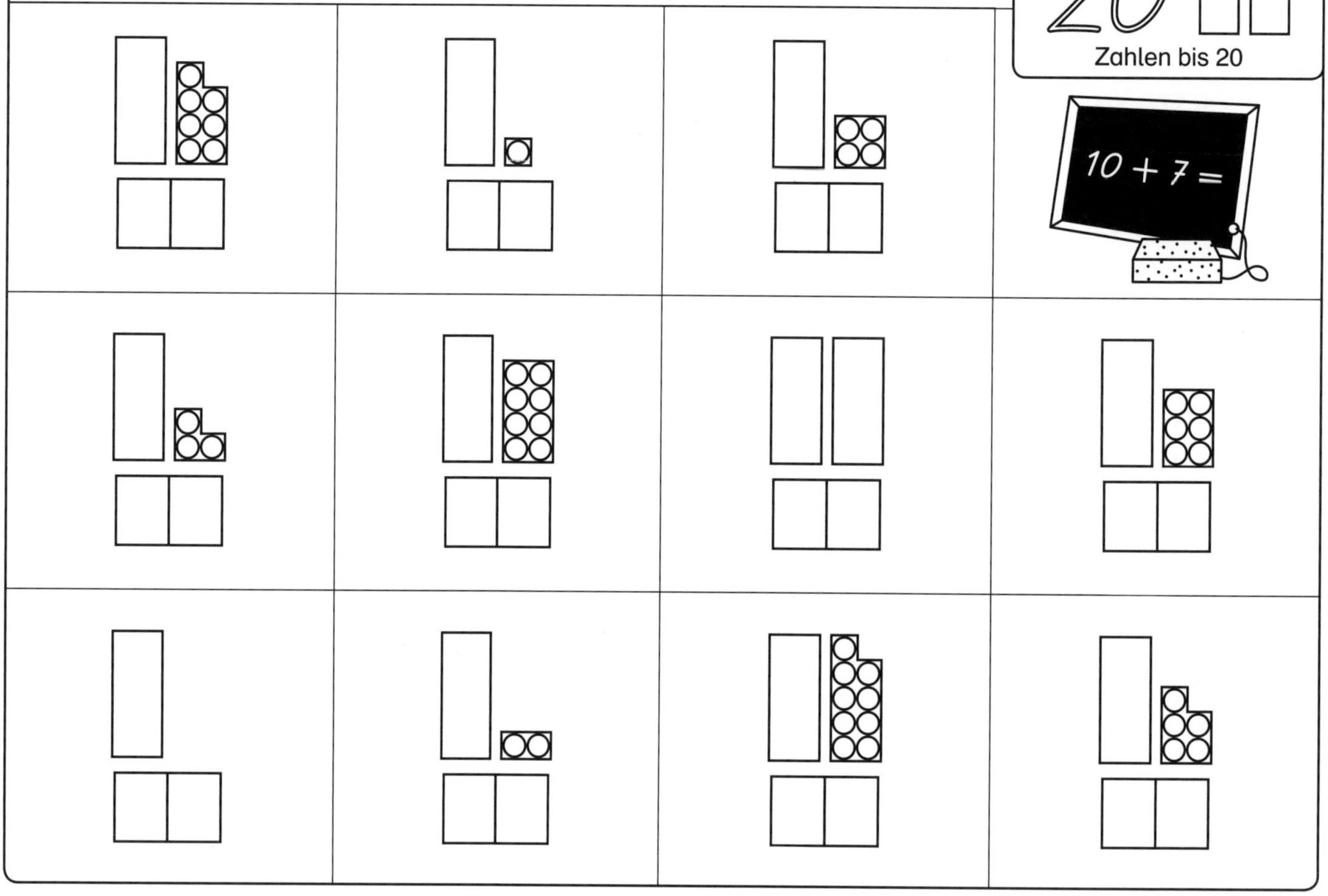

Male selbst! Schreibe die Zahlen rot und blau nach!

14	20	17	11
19	15	10	18
12	13	18	16

20 Zahlen bis 20

Schreibe die Zahlen in Rot und Blau!

dreizehn		achtzehn	
siebzehn		dreizehn	
zwölf		neunzehn	
vierzehn		zwanzig	
sechzehn		zwölf	
elf		fünfzehn	
zwanzig		elf	

Verbinde richtig! Male rot und blau an!

17		zwölf		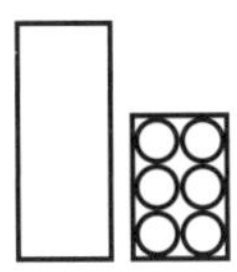
12		sechzehn		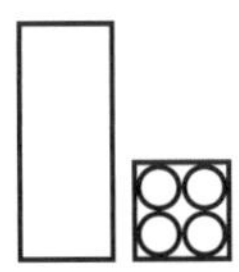
16		siebzehn		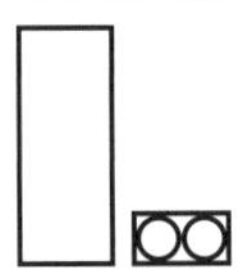
20		vierzehn		
11		zwanzig		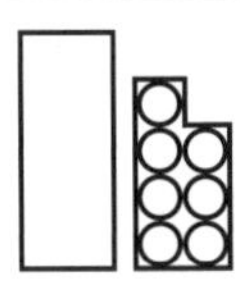
14		elf		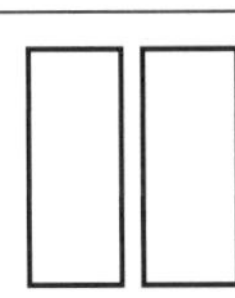

Du kennst dich bis 20 gut aus! Welche Zahlen fehlen?

20 Zahlen bis 20

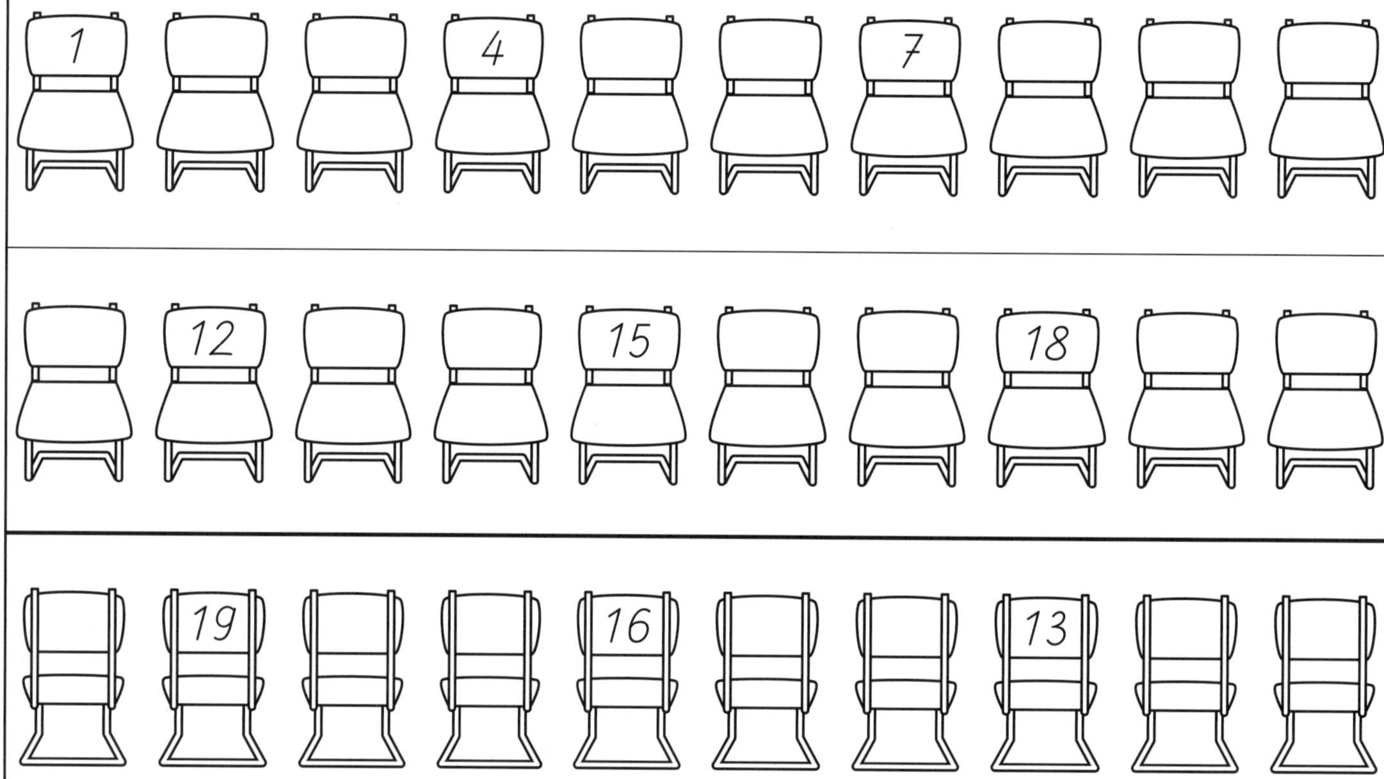

Verbinde richtig mit dem Lineal!

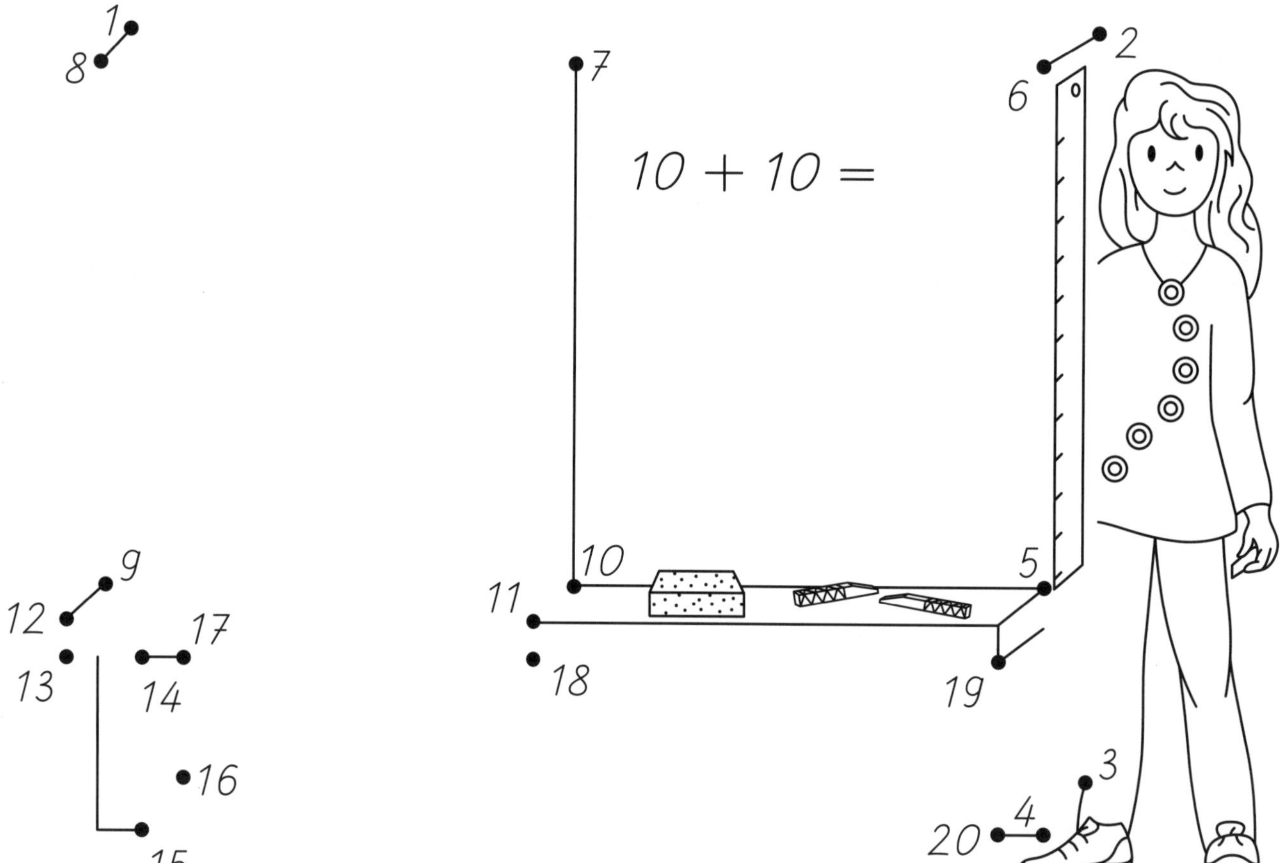

Kistler/Schneider: Rechnen ohne Stolperstein, Band 2B. Illustrationen: Anja Lindemann

Nachbarzahlen

20 Orientierung

11	12	14			
	19		14		12
15			18	19	
	11	16			17

Welche Zahlen fehlen?

12			15	17	

16			11	18			19	13	
	13	19		11			14	17	
14			15		20	15			12

		18		14		15					17
		20	13				16		18		
	11				12	17				19	

Wir vergleichen: =

20

> = <

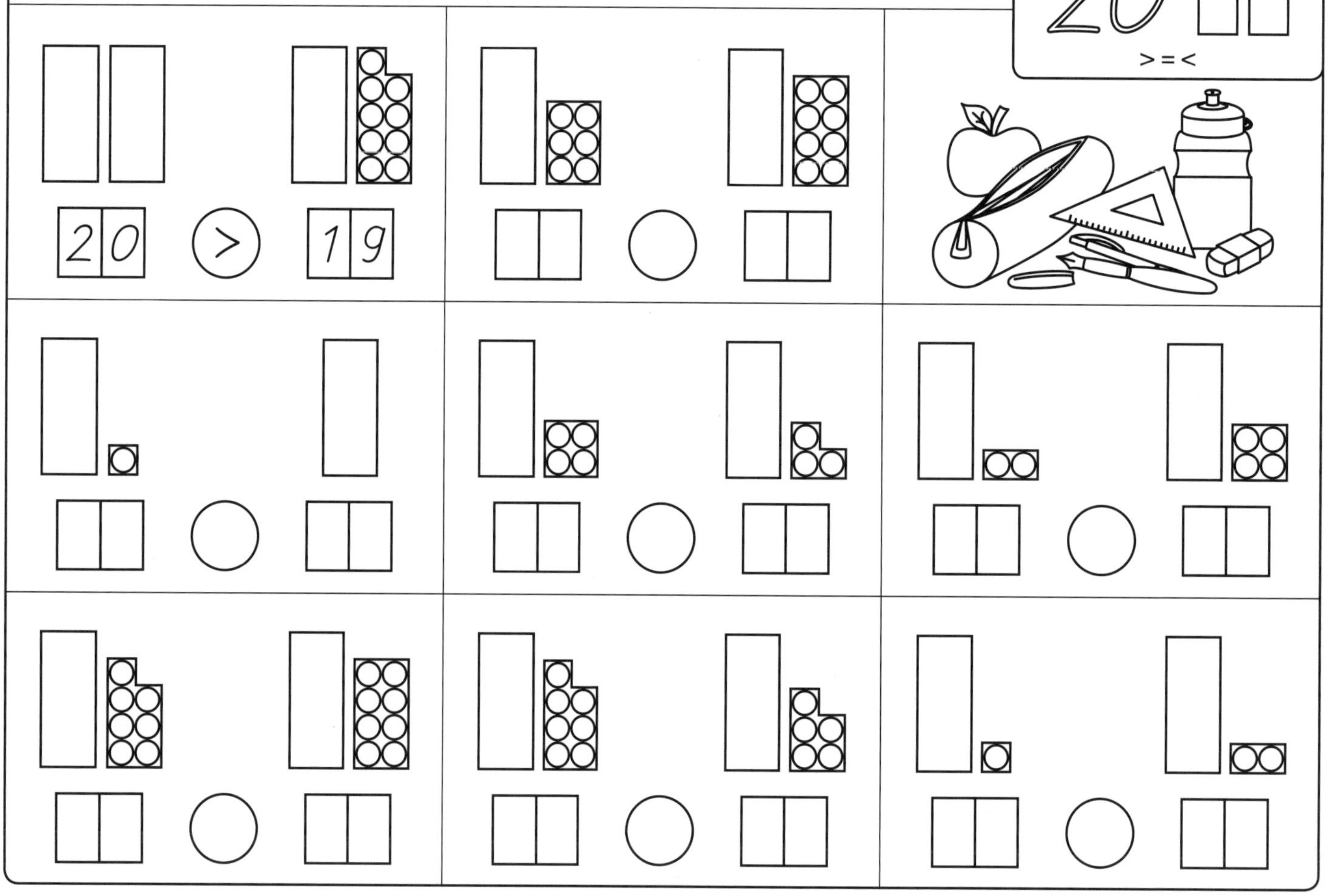

Trage richtig ein: > = <

14 ◯ 18	19 ◯ 20	11 ◯ 16	16 ◯ 19
20 ◯ 17	17 ◯ 13	20 ◯ 12	10 ◯ 10
19 ◯ 19	20 ◯ 20	19 ◯ 14	13 ◯ 14
12 ◯ 20	10 ◯ 11	16 ◯ 19	12 ◯ 11
18 ◯ 16	14 ◯ 12	15 ◯ 14	18 ◯ 19

Welche Zahl passt?

11 < ☐☐	15 > ☐☐	17 < ☐☐	12 = ☐☐
20 > ☐☐	12 < ☐☐	19 = ☐☐	17 > ☐☐
14 < ☐☐	19 < ☐☐	11 > ☐☐	14 > ☐☐
18 > ☐☐	20 = ☐☐	18 = ☐☐	18 < ☐☐

Wir vergleichen: 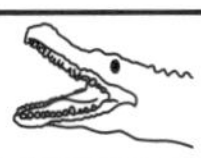 = 

			20 □□ >=<
9 ○ 19	12 ○ 2	17 ○ 19	
17 ○ 15	13 ○ 12	17 ○ 7	18 ○ 19
10 ○ 10	6 ○ 16	11 ○ 11	13 ○ 17
20 ○ 12	11 ○ 13	20 ○ 14	18 ○ 13
11 ○ 1	12 ○ 12	2 ○ 12	11 ○ 7
20 ○ 20	13 ○ 20	17 ○ 11	13 ○ 13
8 ○ 18	17 ○ 8	19 ○ 11	15 ○ 12
15 ○ 13	11 ○ 12	20 ○ 20	6 ○ 12
14 ○ 4	20 ○ 12	9 ○ 13	17 ○ 13
10 ○ 11	9 ○ 9	12 ○ 19	14 ○ 20

Male die Kreise richtig an!

größer als 10	kleiner als 18	größer als 13	kleiner als 16
14, 18, 9, 20, 0, 13, 8, 19, 11	16, 10, 19, 20, 12, 15, 18, 17	15, 12, 20, 18, 16, 11, 13, 17, 14	17, 10, 18, 11, 15, 14, 12, 13, 16

größer als 9	kleiner als 11	größer als 12	kleiner als 19
17, 10, 16, 8, 0, 11, 20, 19, 9	12, 1, 11, 9, 20, 7, 13, 10, 8	10, 13, 11, 14, 15, 9, 2, 16, 20	20, 16, 9, 18, 19, 10, 15, 17, 0

20 Z⊕E

⊕ Plusaufgaben: Schreibe rot und blau!

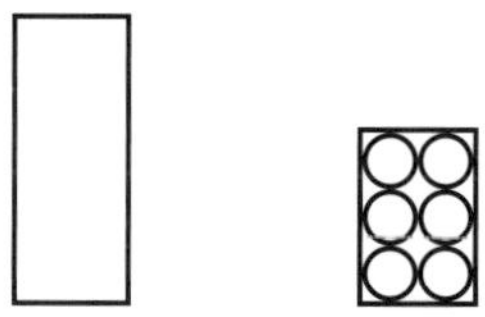

10 + 6 = ☐☐

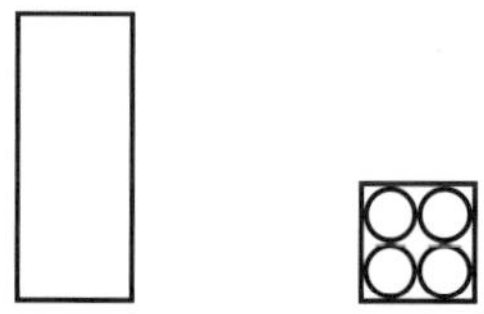

10 + 4 = ☐☐

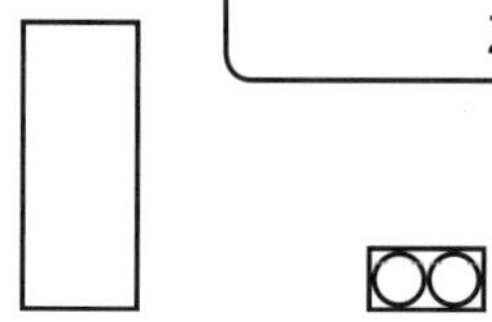

10 + 2 = ☐☐

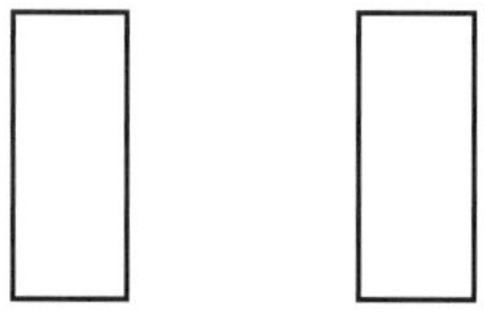

10 + 10 = ☐☐

10 + 1 = ☐☐

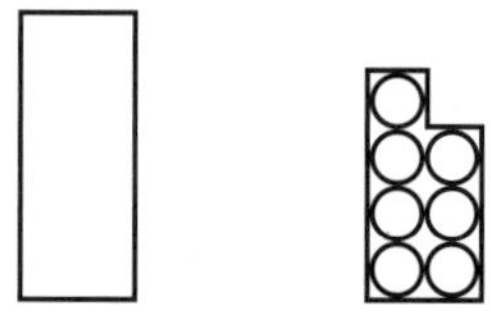

10 + 7 = ☐☐

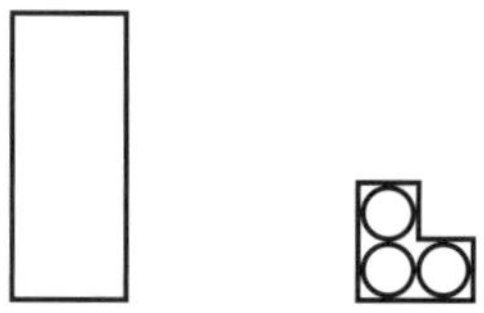

10 + 3 = ☐☐

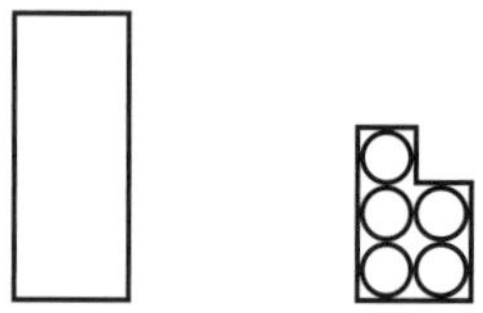

10 + 5 = ☐☐

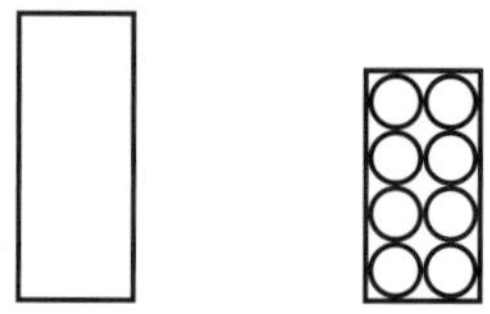

10 + 8 = ☐☐

Male und schreibe rot und blau!

10 + 9 = ☐☐	10 + 10 = ☐☐	10 + 2 = ☐☐
10 + 1 = ☐☐	10 + 7 = ☐☐	10 + 8 = ☐☐
10 + 2 = ☐☐	10 + 10 = ☐☐	10 + 9 = ☐☐
10 + 8 = ☐☐	10 + 7 = ☐☐	10 + 0 = ☐☐
10 + 5 = ☐☐	10 + 6 = ☐☐	10 + 2 = ☐☐

Kleine Aufgabe – große Aufgabe: Schreibe und male rot und blau!

20 E/ZE ⊕ E

3 + 3 = ☐ 13 + 3 = ☐☐

7 + 3 = ☐ 17 + 3 = ☐☐ 1 + 2 = ☐ 11 + 2 = ☐☐

2 + 6 = ☐ 12 + 6 = ☐☐ 4 + 5 = ☐ 14 + 5 = ☐☐

Male und schreibe rot und blau!

4 + 4 = ☐ 14 + 4 = ☐☐ 3 + 7 = ☐ 13 + 7 = ☐☐

1 + 8 = ☐ 11 + 8 = ☐☐ 5 + 4 = ☐ 15 + 4 = ☐☐

6 + 2 = ☐ 16 + 2 = ☐☐ 2 + 5 = ☐ 12 + 5 = ☐☐

Wie heißen die Aufgaben?

20 E/ZE ⊕ E

Rechnen mit der kleinen Aufgabe:

2 + 6 = ☐	7 + 1 = ☐	7 + 2 = ☐
12 + 6 = ☐☐	17 + 1 = ☐☐	17 + 2 = ☐☐
8 + 2 = ☐	0 + 9 = ☐	6 + 1 = ☐
18 + 2 = ☐☐	10 + 9 = ☐☐	16 + 1 = ☐☐
6 + 3 = ☐	4 + 4 = ☐	1 + 8 = ☐
16 + 3 = ☐☐	14 + 4 = ☐☐	11 + 8 = ☐☐
5 + 4 = ☐	3 + 5 = ☐	5 + 5 = ☐
15 + 4 = ☐☐	13 + 5 = ☐☐	15 + 5 = ☐☐
3 + 2 = ☐	4 + 6 = ☐	2 + 4 = ☐
13 + 2 = ☐☐	14 + 6 = ☐☐	12 + 4 = ☐☐

Kistler/Schneider: Rechnen ohne Stolperstein, Band 2B. Illustrationen: Anja Lindemann

Finde die kleine Aufgabe!

20 □□

E/ZE ⊕ E

□ + □ = □ 11 + 5 = □□	□ + □ = □ 14 + 3 = □□	
□ + □ = □ 16 + 4 = □□	□ + □ = □ 14 + 2 = □□	□ + □ = □ 19 + 1 = □□
□ + □ = □ 15 + 3 = □□	□ + □ = □ 15 + 2 = □□	□ + □ = □ 15 + 1 = □□
□ + □ = □ 11 + 6 = □□	□ + □ = □ 11 + 3 = □□	□ + □ = □ 13 + 4 = □□
□ + □ = □ 12 + 2 = □□	□ + □ = □ 13 + 6 = □□	□ + □ = □ 12 + 1 = □□

Finde die große Aufgabe!

2 + 3 = □ □□ + □ = □□	1 + 9 = □□ □□ + □ = □□	8 + 1 = □ □□ + □ = □□
1 + 1 = □ □□ + □ = □□	6 + 3 = □ □□ + □ = □□	4 + 3 = □ □□ + □ = □□
2 + 8 = □□ □□ + □ = □□	5 + 2 = □ □□ + □ = □□	6 + 4 = □□ □□ + □ = □□
4 + 1 = □ □□ + □ = □□	3 + 1 = □ □□ + □ = □□	1 + 5 = □ □□ + □ = □□
2 + 7 = □ □□ + □ = □□	0 + 4 = □ □□ + □ = □□	1 + 7 = □ □□ + □ = □□

Wie heißen die Aufgaben?

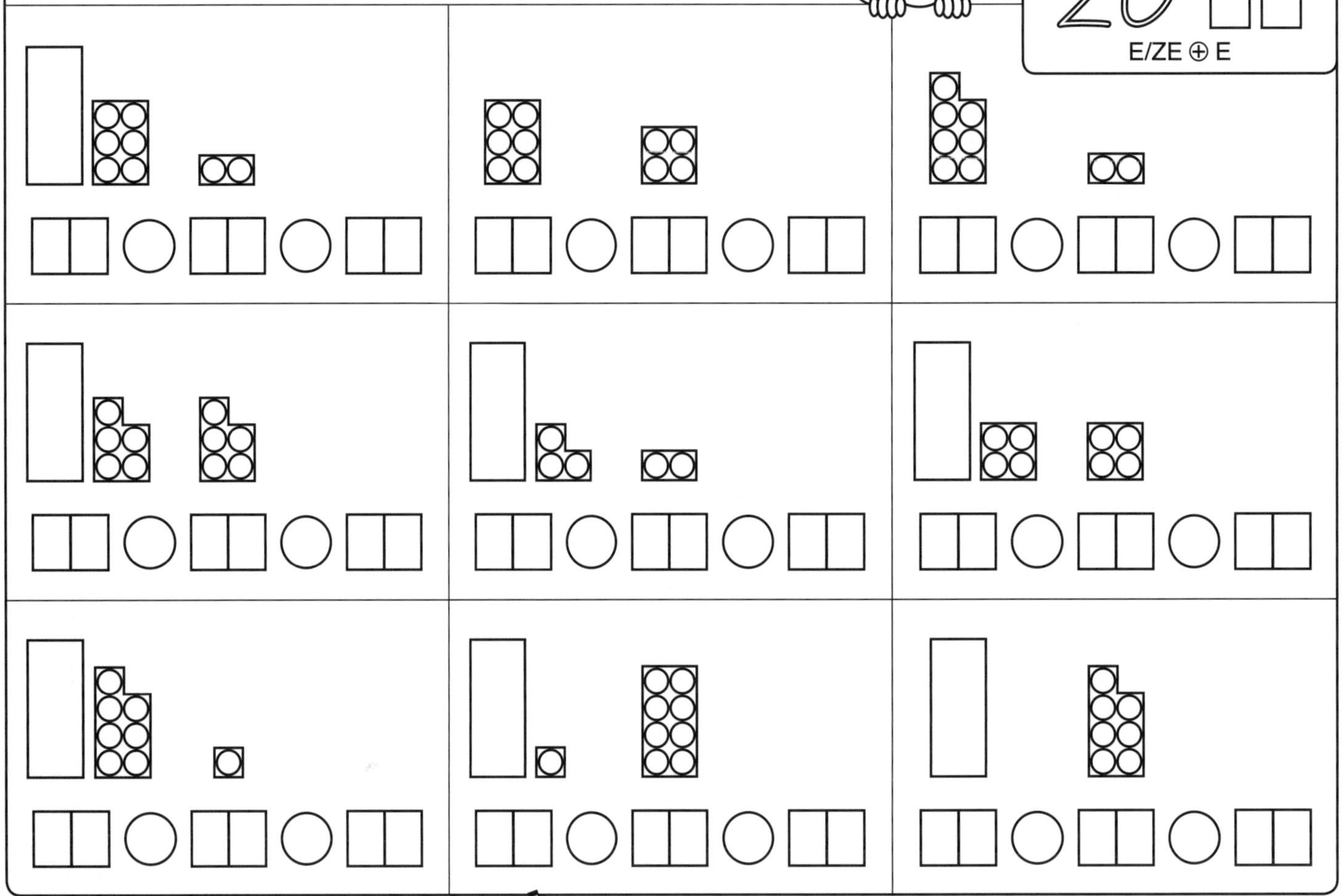

20 E/ZE ⊕ E

12 + 6 =	15 + 3 =	5 + 4 =
3 + 5 =	18 + 0 =	15 + 2 =
16 + 4 =	4 + 6 =	1 + 8 =
7 + 3 =	11 + 6 =	18 + 2 =
14 + 5 =	4 + 4 =	11 + 8 =
2 + 7 =	20 + 0 =	12 + 7 =
10 + 9 =	10 + 10 =	6 + 3 =
17 + 2 =	17 + 3 =	14 + 0 =
20 + 0 =	0 + 10 =	16 + 1 =
13 + 6 =	13 + 3 =	8 + 2 =

Kistler/Schneider: Rechnen ohne Stolperstein, Band 2B. Illustrationen: Anja Lindemann

Für Spürnasen: Rechne zuerst, finde dann eine passende Aufgabe!

20 □□
ZE ⊕ E

13 + □ = 15
17 + □ = 19
11 + □ = 13
□□ + □ = □□

11 + 9 = □□
17 + 3 = □□
15 + 5 = □□
□□ + □ = □□

3 + 12 = □□
4 + 11 = □□
5 + 10 = □□
□ + □□ = □□

13 + 2 = □□
2 + 13 = □□
17 + 2 = □□
□ + □□ = □□

□□ + 8 = 19
□□ + 3 = 14
□□ + 1 = 12
□□ + □ = □□

Male richtig aus!

13 = gelb
14 = orange
15 = rot
16 = lila
17 = blau
18 = hellblau
19 = grün
20 = braun

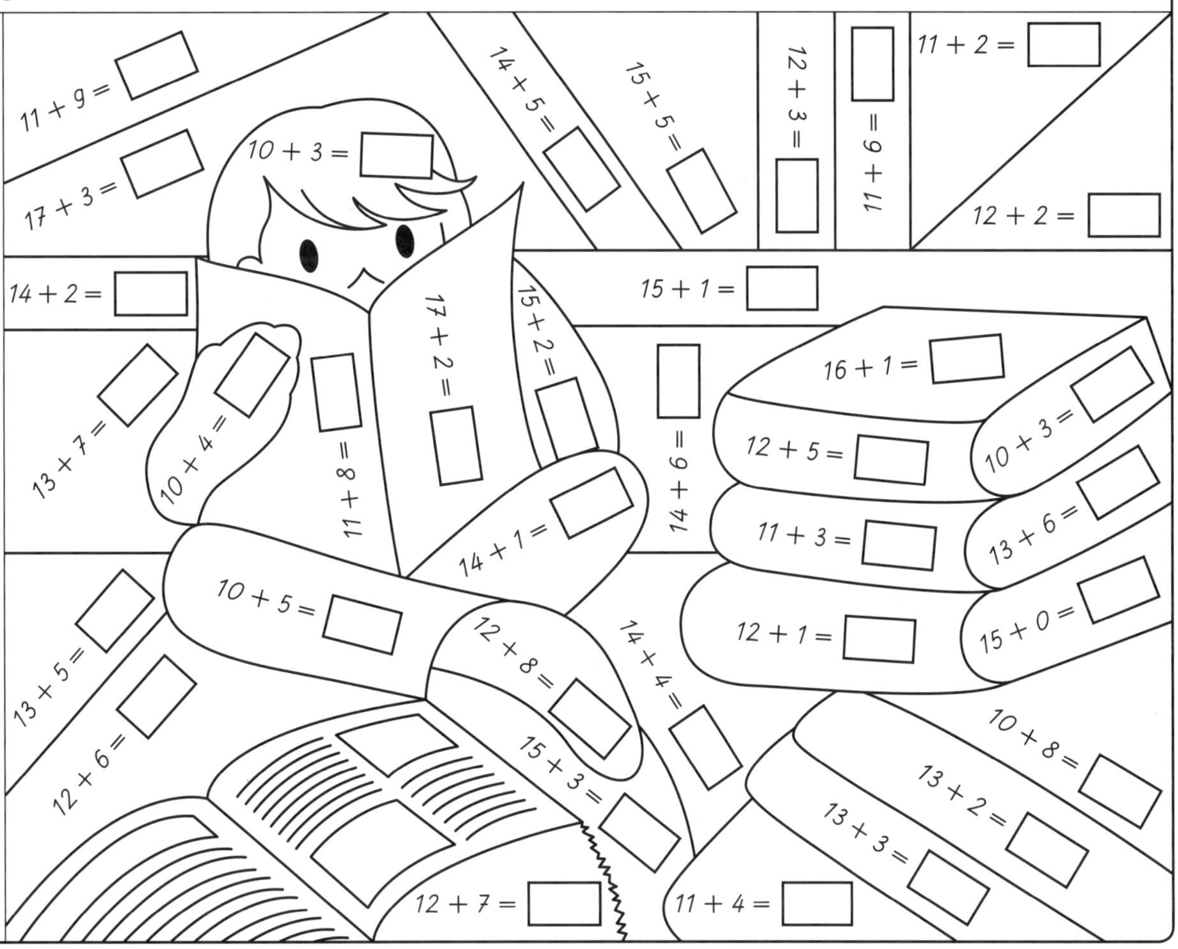

20 □□
E/ZE ⊖ E

⊖ Minusaufgaben: Schreibe rot und blau!

 5 − 4 = □	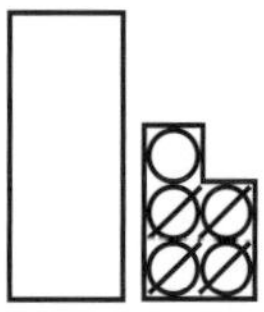 15 − 4 = □□		
 7 − 3 = □	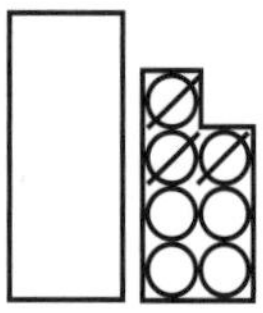 17 − 3 = □□	 2 − 2 = □	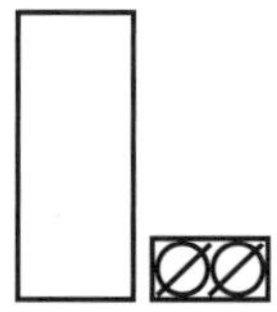 12 − 2 = □□
 8 − 6 = □	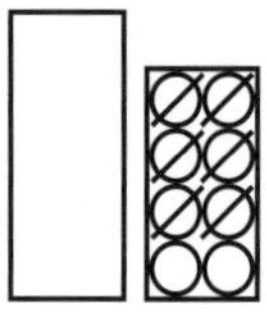 18 − 6 = □□	 6 − 0 = □	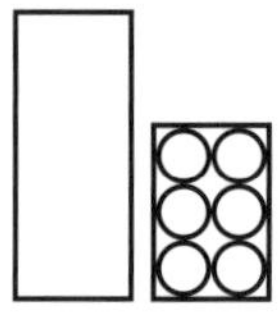 16 − 0 = □□

Kleine und große Aufgaben: Male und schreibe rot und blau!

4 − 4 = □	14 − 4 = □□	9 − 7 = □	19 − 7 = □□
6 − 3 = □	16 − 3 = □□	1 − 1 = □	11 − 1 = □□
3 − 2 = □	13 − 2 = □□	7 − 7 = □	17 − 7 = □□

Wie heißen die Aufgaben?

20
E/ZE ⊖ E

Male die richtigen Ergebnisse aus!

7 − 5 = ☐	17 − 5 = ☐☐	1 − 1 = ☐	11 − 1 = ☐☐
2 − 2 = ☐	12 − 2 = ☐☐	9 − 7 = ☐	19 − 7 = ☐☐
6 − 3 = ☐	16 − 3 = ☐☐	4 − 3 = ☐	14 − 3 = ☐☐
8 − 4 = ☐	18 − 4 = ☐☐	6 − 6 = ☐	16 − 6 = ☐☐
5 − 4 = ☐	15 − 4 = ☐☐	3 − 2 = ☐	13 − 2 = ☐☐

Öffne eine Zehner-Schachtel: Streiche Einer durch und schreibe!

20 □□
E/ZE ⊖ E

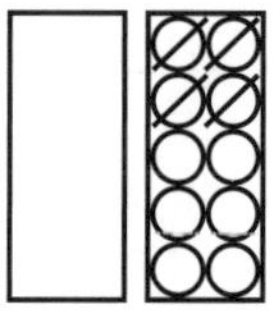
20 − 4 = □□

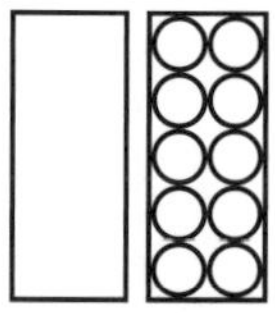
20 − 6 = □□

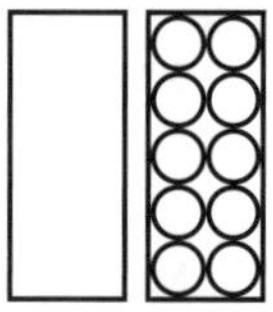
20 − 5 = □□

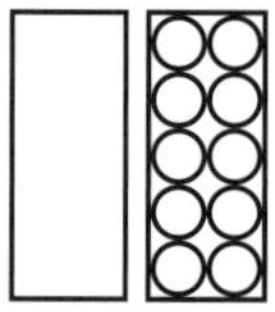
20 − 7 = □□

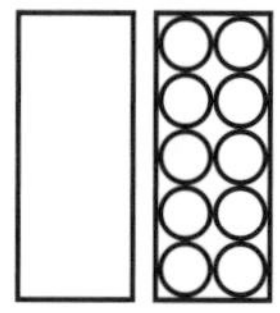
20 − 2 = □□

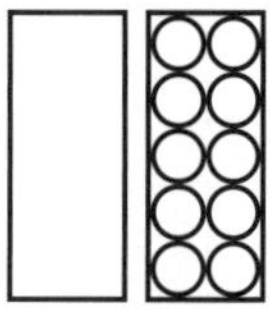
20 − 8 = □□

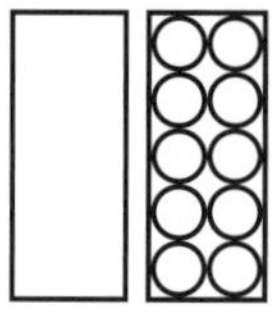
20 − 9 = □□

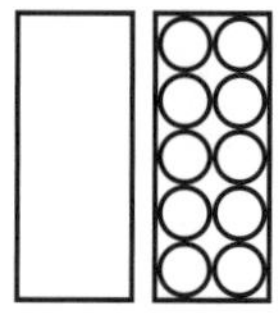
20 − 3 = □□

Wie heißen die Aufgaben?

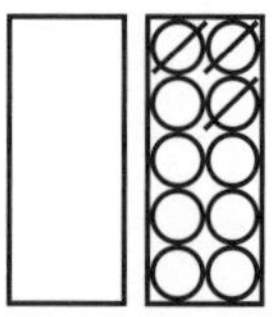
□□ ◯ □□ ◯ □□

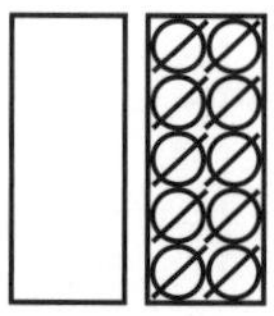
□□ ◯ □□ ◯ □□

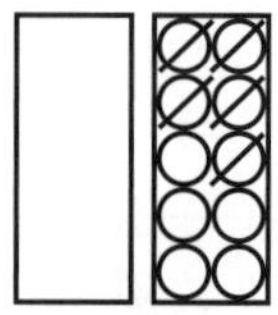
□□ ◯ □□ ◯ □□

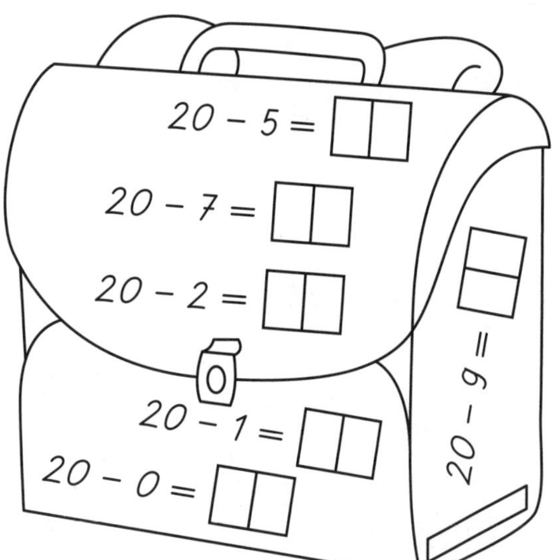

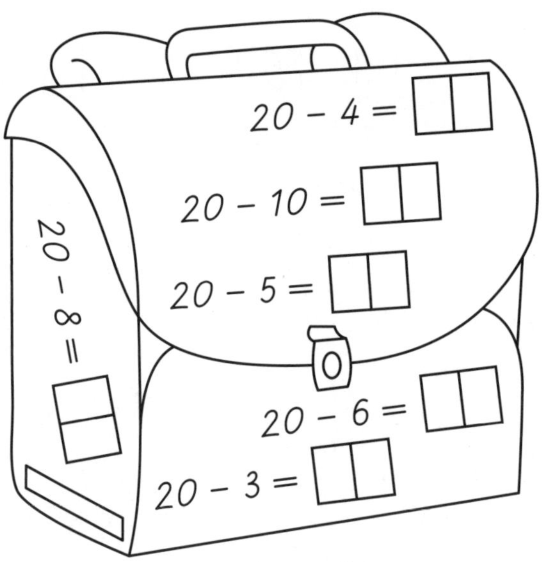

Kistler/Schneider: Rechnen ohne Stolperstein, Band 2B. Illustrationen: Anja Lindemann

20 □□
E/ZE ⊖ E

Wie heißt die kleine Aufgabe?

□ − □ = □ 16 − 5 = □□	□ − □ = □ 17 − 3 = □□	
□ − □ = □ 19 − 4 = □□	□ − □ = □ 16 − 2 = □□	□□ − □ = □ 20 − 1 = □□
□ − □ = □ 18 − 3 = □□	□ − □ = □ 17 − 2 = □□	□ − □ = □ 17 − 1 = □□
□ − □ = □ 17 − 6 = □□	□ − □ = □ 14 − 3 = □□	□ − □ = □ 17 − 4 = □□
□ − □ = □ 14 − 2 = □□	□ − □ = □ 19 − 6 = □□	□ − □ = □ 15 − 4 = □□

Wie heißt die große Aufgabe?

5 − 3 = □ □□ − □ = □□	10 − 9 = □ □□ − □ = □□	9 − 1 = □ □□ − □ = □□
2 − 1 = □ □□ − □ = □□	9 − 3 = □ □□ − □ = □□	7 − 3 = □ □□ − □ = □□
10 − 8 = □ □□ − □ = □□	7 − 2 = □ □□ − □ = □□	10 − 4 = □ □□ − □ = □□
5 − 1 = □ □□ − □ = □□	4 − 1 = □ □□ − □ = □□	6 − 5 = □ □□ − □ = □□
9 − 7 = □ □□ − □ = □□	4 − 0 = □ □□ − □ = □□	8 − 7 = □ □□ − □ = □□

Wie heißen die Aufgaben?

20 E/ZE ⊖ E

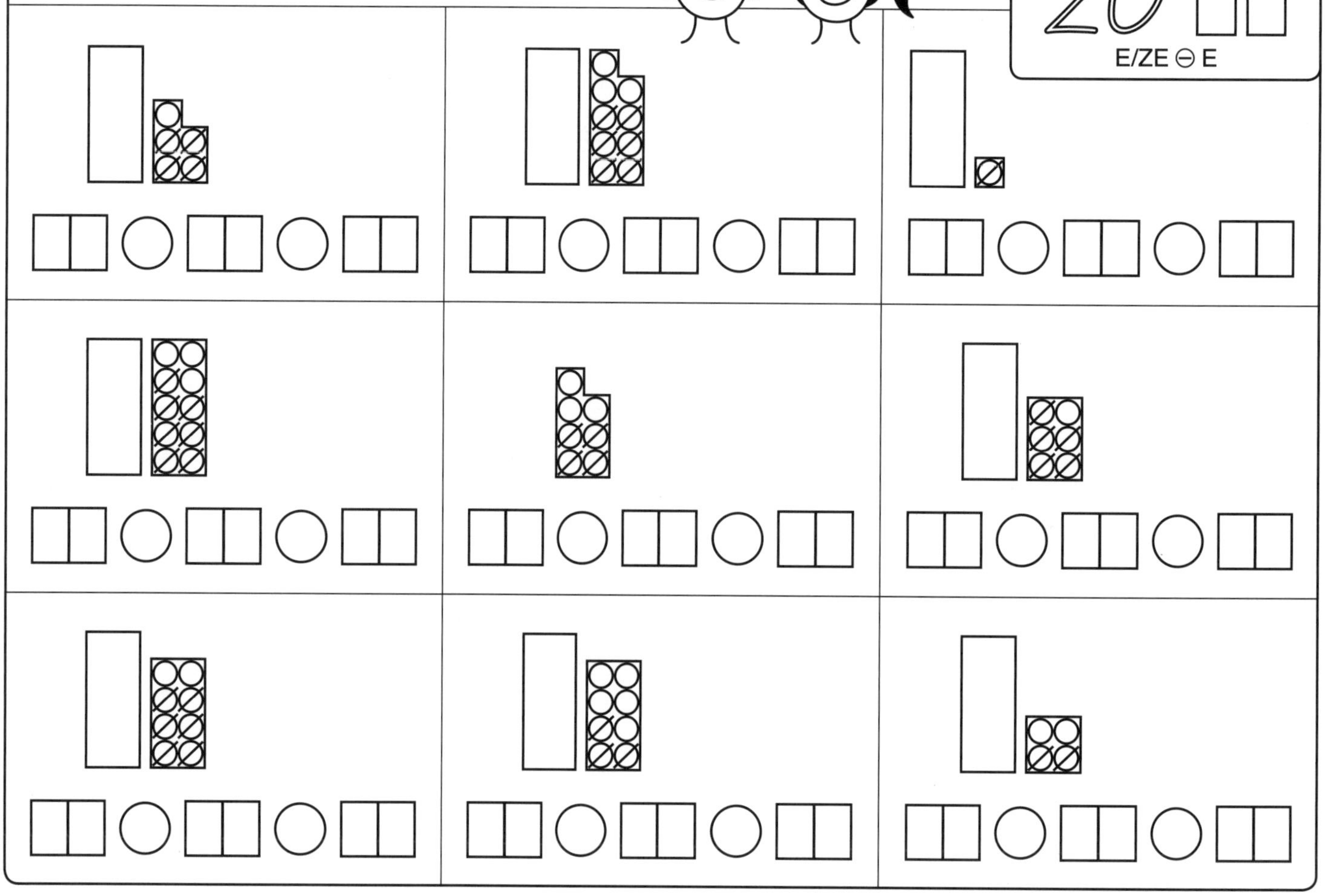

Viele Rechnungen!

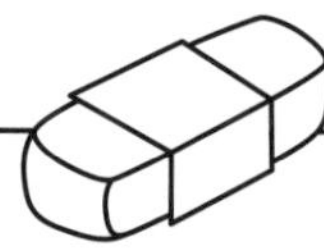

18 − 4 = ☐☐	12 − 2 = ☐☐	15 − 5 = ☐☐
17 − 3 = ☐☐	17 − 6 = ☐☐	11 − 1 = ☐☐
16 − 6 = ☐☐	14 − 1 = ☐☐	19 − 9 = ☐☐
20 − 4 = ☐☐	18 − 6 = ☐☐	19 − 7 = ☐☐
13 − 2 = ☐☐	20 − 6 = ☐☐	13 − 1 = ☐☐
19 − 6 = ☐☐	14 − 3 = ☐☐	20 − 3 = ☐☐
18 − 8 = ☐☐	17 − 4 = ☐☐	18 − 7 = ☐☐
15 − 3 = ☐☐	12 − 1 = ☐☐	20 − 10 = ☐☐
19 − 8 = ☐☐	10 − 0 = ☐☐	17 − 2 = ☐☐
11 − 0 = ☐☐	20 − 9 = ☐☐	16 − 4 = ☐☐

Kistler/Schneider: Rechnen ohne Stolperstein, Band 2B. Illustrationen: Anja Lindemann

Für Spürnasen:

Rechne zuerst, finde dann eine passende Aufgabe!

19 − 9 = ☐☐
17 − 7 = ☐☐
13 − 3 = ☐☐
☐☐ − ☐☐ = ☐☐

15 − ☐ = 12
19 − ☐ = 16
13 − ☐ = 10
☐☐ − ☐ = ☐☐

☐☐ − 1 = 10
☐☐ − 1 = 11
☐☐ − 1 = 12
☐☐ − ☐ = ☐☐

☐☐ − 1 = 19
☐☐ − 2 = 11
☐☐ − 3 = 14
☐☐ − ☐ = ☐☐

☐☐ − 4 = 10
☐☐ − 5 = 10
☐☐ − 6 = 10
☐☐ − ☐ = ☐☐

Male richtig an!

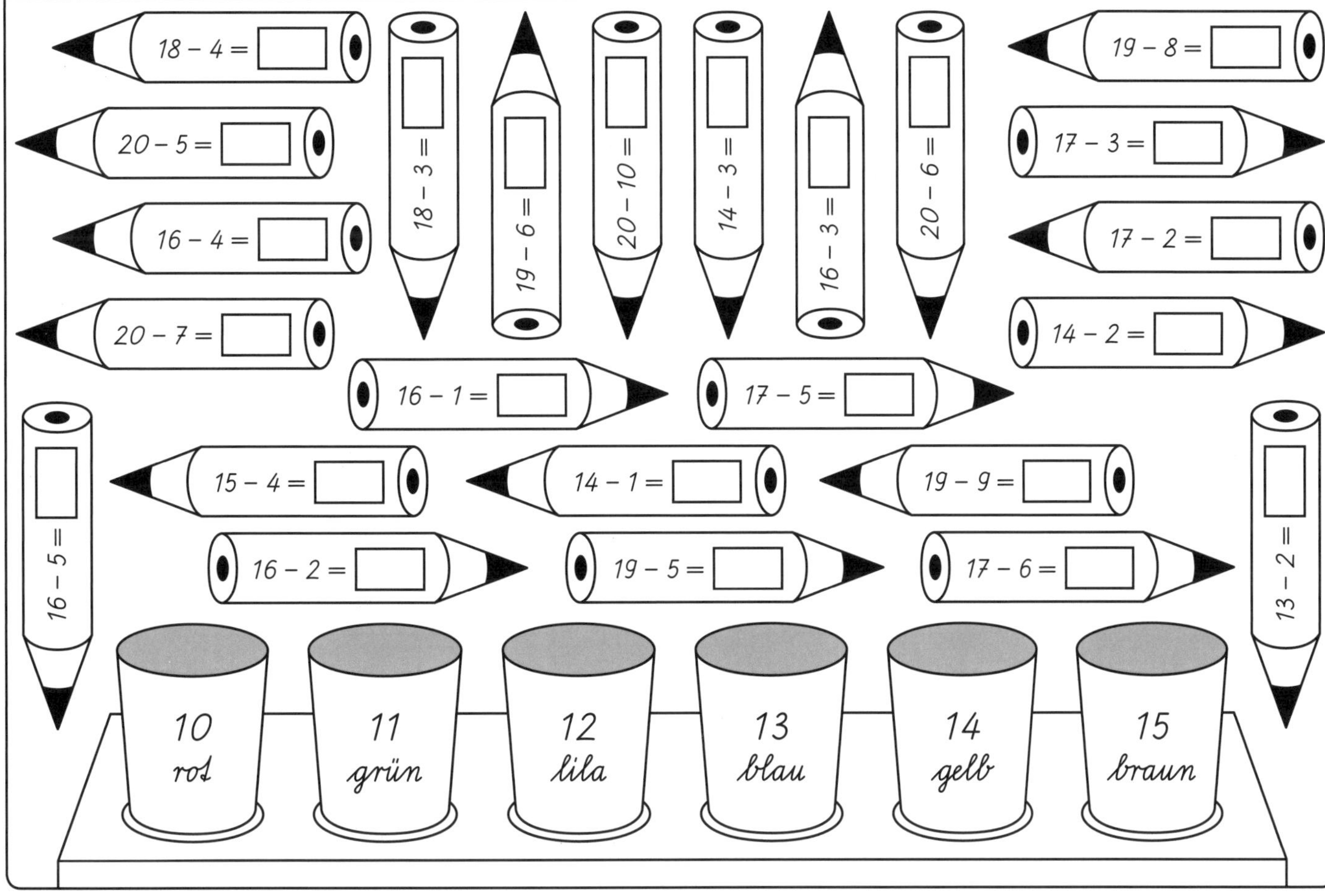

Achtung: Gemischte Aufgaben (+/−)! Rechne und male!

20 ☐☐
E/ZE (+/−) E

14 + 4 = ☐☐ 4 + 4 = ☐☐	19 − 1 = ☐☐ 9 − 1 = ☐☐	
18 + 2 = ☐☐ 8 + 2 = ☐☐	17 − 6 = ☐☐ 7 − 6 = ☐☐	16 − 4 = ☐☐ 6 − 4 = ☐☐
18 − 2 = ☐☐ 8 − 2 = ☐☐	13 + 6 = ☐☐ 3 + 6 = ☐☐	11 + 5 = ☐☐ 1 + 5 = ☐☐

Findest du die große Aufgabe?

2 − 1 = ☐ ☐☐ − ☐ = ☐☐	4 + 5 = ☐ ☐☐ + ☐ = ☐☐	2 + 8 = ☐☐ ☐☐ + ☐ = ☐☐
1 + 6 = ☐ ☐☐ + ☐ = ☐☐	9 − 7 = ☐ ☐☐ − ☐ = ☐☐	8 − 4 = ☐ ☐☐ − ☐ = ☐☐
7 − 3 = ☐ ☐☐ − ☐ = ☐☐	3 + 4 = ☐ ☐☐ + ☐ = ☐☐	6 − 6 = ☐ ☐☐ − ☐ = ☐☐
9 − 5 = ☐ ☐☐ − ☐ = ☐☐	8 − 3 = ☐ ☐☐ − ☐ = ☐☐	2 + 7 = ☐ ☐☐ + ☐ = ☐☐
3 + 5 = ☐ ☐☐ + ☐ = ☐☐	1 + 8 = ☐ ☐☐ + ☐ = ☐☐	8 − 6 = ☐ ☐☐ − ☐ = ☐☐

Kistler/Schneider: Rechnen ohne Stolperstein, Band 2B. Illustrationen: Anja Lindemann

Wie heiβt die Aufgabe? ⊕ oder ⊖ ?

20 E/ZE ± E

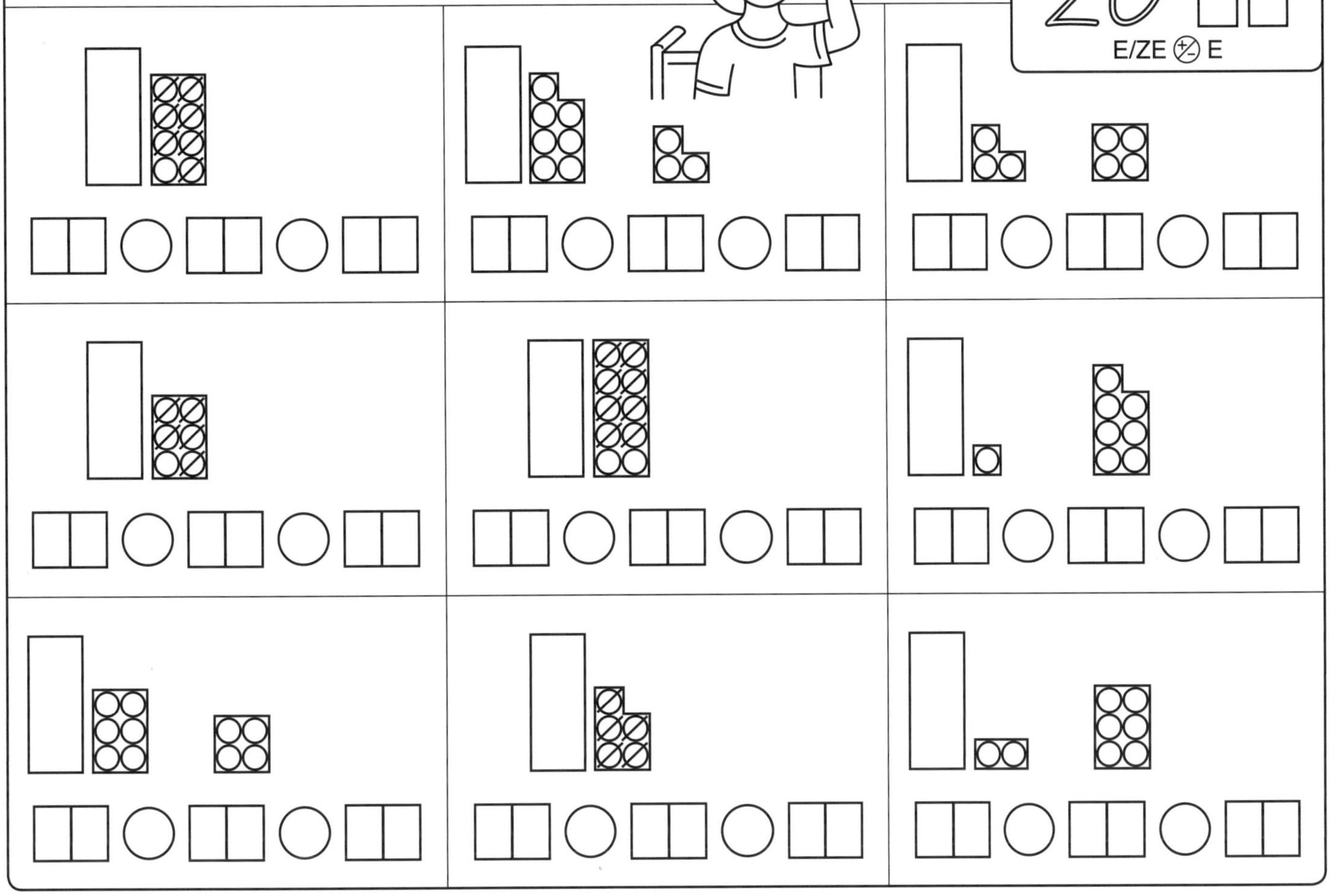

Achtung! ⊕ oder ⊖ !

17 + 2 =	17 − 2 =	19 − 0 =
12 − 1 =	16 + 1 =	16 − 4 =
15 + 5 =	15 − 3 =	11 + 1 =
10 + 1 =	13 + 3 =	11 − 1 =
18 − 7 =	20 − 4 =	14 + 5 =
16 + 3 =	17 + 3 =	15 − 5 =
18 + 0 =	12 + 8 =	14 + 6 =
12 − 2 =	19 − 8 =	11 + 6 =
13 + 6 =	15 + 4 =	18 − 4 =
20 − 7 =	17 − 3 =	11 − 0 =

Finde immer zwei Aufgaben!

20 ☐☐ E/ZE ± E

13 3 16

☐☐ ○ ☐☐ ○ ☐☐

☐☐ ○ ☐☐ ○ ☐☐

10 10 20

☐☐ ○ ☐☐ ○ ☐☐

☐☐ ○ ☐☐ ○ ☐☐

19 12 7

☐☐ ○ ☐☐ ○ ☐☐

☐☐ ○ ☐☐ ○ ☐☐

20 6 14

☐☐ ○ ☐☐ ○ ☐☐

☐☐ ○ ☐☐ ○ ☐☐

3 6 9

☐☐ ○ ☐☐ ○ ☐☐

☐☐ ○ ☐☐ ○ ☐☐

+ oder – ?

4 ○ 5 = 9	17 ○ 3 = 20	7 ○ 6 = 1
19 ○ 9 = 10	9 ○ 6 = 3	12 ○ 8 = 20
13 ○ 3 = 16	13 ○ 3 = 10	16 ○ 5 = 11
10 ○ 7 = 3	5 ○ 5 = 10	8 ○ 2 = 10

Male die richtigen Ergebnisse aus!

19 – 6 = ☐☐	20 – 4 = ☐☐	8 – 7 = ☐☐
5 + 4 = ☐☐	10 + 7 = ☐☐	11 + 3 = ☐☐
13 + 5 = ☐☐	19 – 5 = ☐☐	1 + 7 = ☐☐
16 + 4 = ☐☐	12 – 12 = ☐☐	20 – 3 = ☐☐
17 – 7 = ☐☐	11 + 9 = ☐☐	9 – 2 = ☐☐
9 – 4 = ☐☐	10 – 7 = ☐☐	18 – 7 = ☐☐

Welche Aufgabe ist für dich einfacher? Schreibe sie auf!

20 E/ZE ⊕ E

Aufgaben		Aufgaben	
4 + 13 = / 13 + 4 =	☐☐ ◯ ☐☐ ◯ ☐☐	19 + 1 = / 1 + 19 =	☐☐ ◯ ☐☐ ◯ ☐☐
14 + 5 = / 5 + 14 =	☐☐ ◯ ☐☐ ◯ ☐☐	2 + 15 = / 15 + 2 =	☐☐ ◯ ☐☐ ◯ ☐☐
11 + 7 = / 7 + 11 =	☐☐ ◯ ☐☐ ◯ ☐☐	18 + 1 = / 1 + 18 =	☐☐ ◯ ☐☐ ◯ ☐☐

Tauschaufgaben:

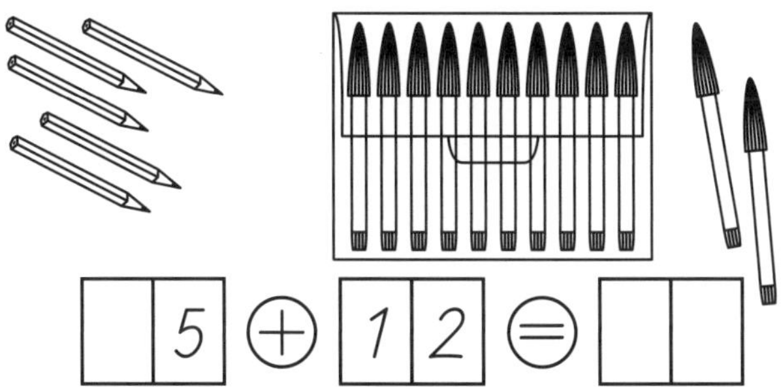

☐5 ⊕ 12 ⊜ ☐☐

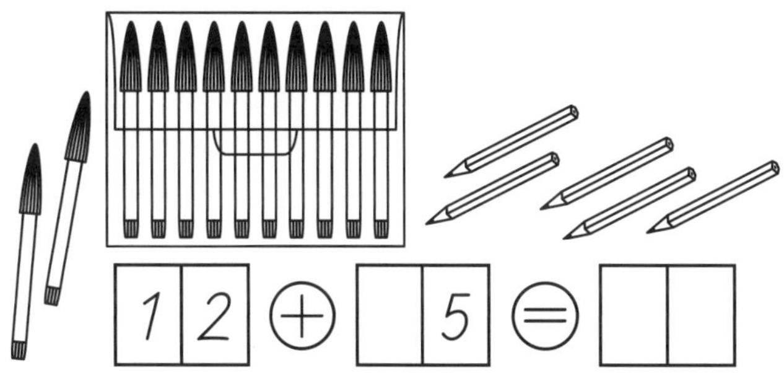

12 ⊕ ☐5 ⊜ ☐☐

15 + 5 = ☐☐ | ☐☐ ◯ ☐☐ ◯ ☐☐

4 + 14 = ☐☐ | ☐☐ ◯ ☐☐ ◯ ☐☐

8 + 12 = ☐☐ | ☐☐ ◯ ☐☐ ◯ ☐☐

11 + 4 = ☐☐ | ☐☐ ◯ ☐☐ ◯ ☐☐

3 + 13 = ☐☐ | ☐☐ ◯ ☐☐ ◯ ☐☐

6 + 12 = ☐☐ | ☐☐ ◯ ☐☐ ◯ ☐☐

Welche Aufgabe ist für dich einfacher?

20 E/ZE ± E

1 + 17 = 17 + 1 =	16 + 2 = 2 + 16 =
13 + 5 = 5 + 13 =	12 + 7 = 7 + 12 =
12 + 2 = 2 + 12 =	18 + 2 = 2 + 18 =
3 + 16 = 16 + 3 =	4 + 14 = 14 + 4 =
	8 + 11 = 11 + 8 =
	12 + 6 = 6 + 12 =

Fehlersuche: Streiche falsche Aufgaben aus! Trage die Buchstaben der richtigen Aufgaben unten ein!

G: 6 + 14 = 20

U: 20 − 4 = 16

L: 17 − 5 = 13

T: 5 + 15 = 20

G: 20 − 8 = 12

E: 17 − 5 = 12

M: 12 + 8 = 20

A: 19 − 8 = 11

C: 11 + 4 = 15

H: 7 + 12 = 19

S: 11 + 8 = 20

T: 20 − 10 = 10

F: 4 + 14 = 19

Lösungssatz:

Kistler/Schneider: Rechnen ohne Stolperstein, Band 2B. Illustrationen: Anja Lindemann

Rechengeschichten

20 ☐☐
ZE ⊕ E

Die Pause ist aus. 13 Kinder und die Lehrerin sind schon im Klassenzimmer. 6 Kinder kommen noch dazu. Wie viele Personen sind jetzt im Zimmer?

Wir rechnen: ☐☐ ◯ ☐☐ ◯ ☐☐

Wir antworten: ______________________________

Der Schulbus holt die Kinder am Morgen ab. 15 Kinder sind im Schulbus. 2 Kinder steigen ein. Wie viele Kinder sind im Bus?

Wir rechnen: ☐☐ ◯ ☐☐ ◯ ☐☐

Wir antworten: ______________________________

Die Kinder leihen sich Bücher für die Leseecke aus. 11 Bücher sind schon ausgewählt. Stefan und Bärbel haben noch 8 andere schöne Bücher gefunden. Wie viele Bücher leihen sich die Kinder aus?

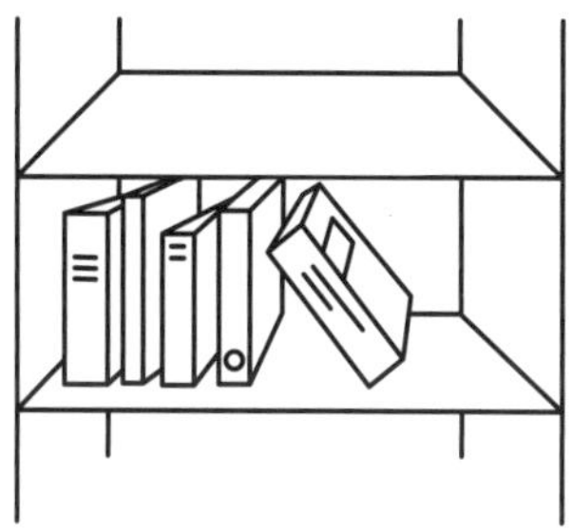

Wir rechnen: ☐☐ ◯ ☐☐ ◯ ☐☐

Wir antworten: ______________________________

Die Kinder üben für die Nachschrift. 12 Lernwörter hängen an der Tafel. Die Lehrerin hängt 2 weitere Lernwörter auf. Wie viele Lernwörter hängen jetzt an der Tafel?

Wir rechnen: ☐☐ ◯ ☐☐ ◯ ☐☐

Wir antworten: ______________________________

Rechengeschichten

20 ☐☐
ZE ⊖ E

Die Kinder üben Rechnen. Auf dem Arbeitsblatt stehen 18 Aufgaben. Thomas hat schon 4 ausgerechnet. Wie viele muss er noch rechnen?

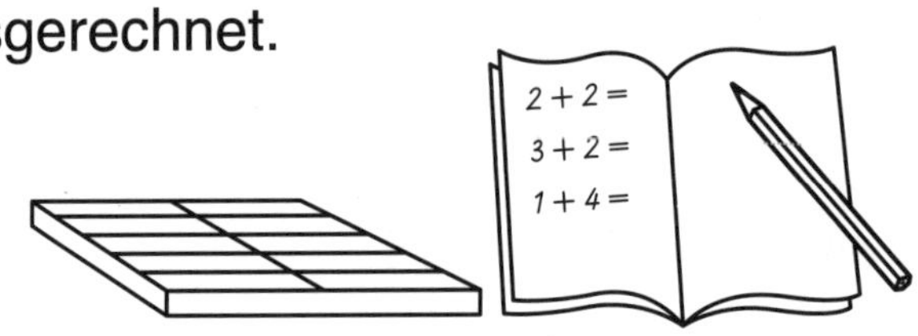

Wir rechnen: ☐☐ ○ ☐☐ ○ ☐☐

Wir antworten: ______________________________

Es läutet, die Pause ist aus. 19 Kinder sind auf dem Pausenhof. 8 Kinder gehen gleich in das Klassenzimmer zurück. Wie viele Kinder kommen zu spät aus der Pause?

Wir rechnen: ☐☐ ○ ☐☐ ○ ☐☐

Wir antworten: ______________________________

Die Kinder leihen sich Bücher aus der Leseecke aus. Es sind 14 Bücher da. Hans nimmt sich 1 Buch mit nach Hause, Christa 3. Wie viele Bücher bleiben übrig?

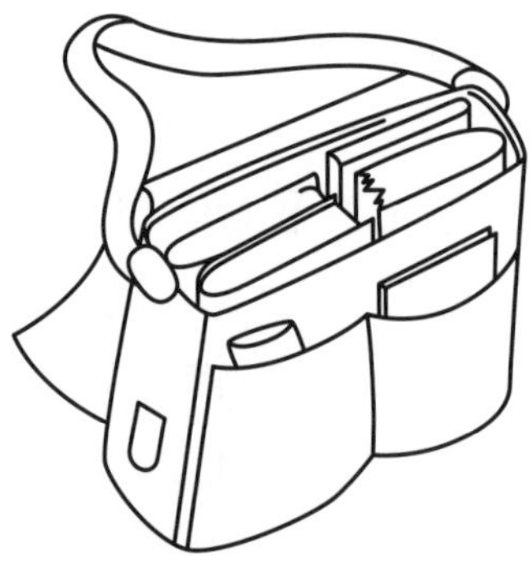

Wir rechnen: ☐☐ ○ ☐☐ ○ ☐☐

Wir antworten: ______________________________

Die Kinder fahren mit dem Schulbus nach Hause. 20 Kinder sitzen im Bus. 2 Kinder steigen aus. Wie viele Kinder sitzen noch im Bus?

Wir rechnen: ☐☐ ○ ☐☐ ○ ☐☐

Wir antworten: ______________________________

Kistler/Schneider: Rechnen ohne Stolperstein, Band 2B. Illustrationen: Anja Lindemann

Zerlegen: Z E

20 ☐☐
Z E

16 = 10 + ☐☐

18 = ☐☐ + 8

13 = 10 + ☐☐

15 = 10 + ☐☐

20 = 10 + ☐☐

10 = 10 + ☐☐

12 = 10 + ☐☐

17 = ☐☐ + 7

14 = 10 + ☐☐

Male selbst!

11 = 10 + ☐☐

19 = 10 + ☐☐

16 = 10 + ☐☐

17 = ☐☐ + 7

15 = ☐☐ + 5

12 = ☐☐ + 2

20 = 10 + ☐☐

17 = 10 + ☐☐

14 = ☐☐ + 4

Wie heißt die Aufgabe?

20 □□
Z E

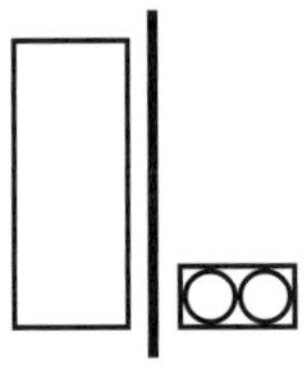

□□ ○ □□ ○ □□

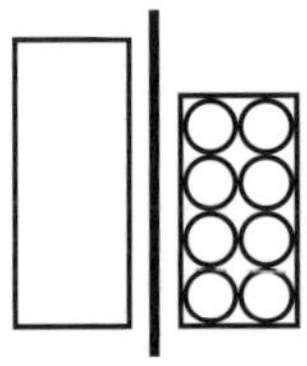

□□ ○ □□ ○ □□

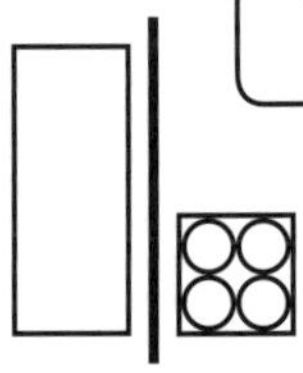

□□ ○ □□ ○ □□

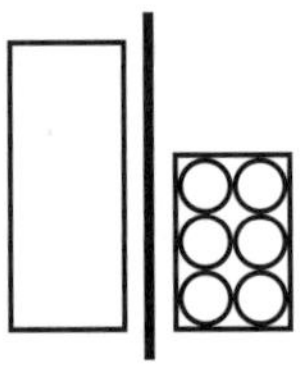

□□ ○ □□ ○ □□

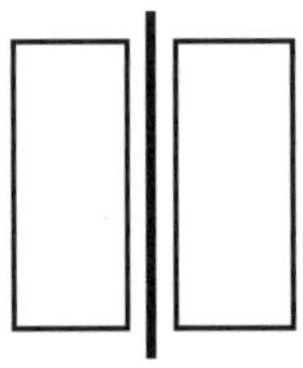

□□ ○ □□ ○ □□

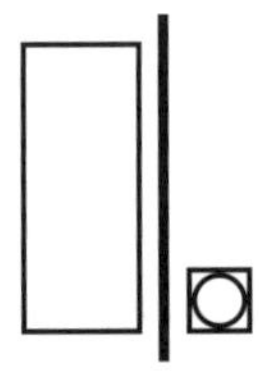

□□ ○ □□ ○ □□

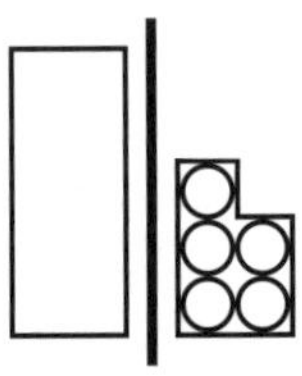

□□ ○ □□ ○ □□

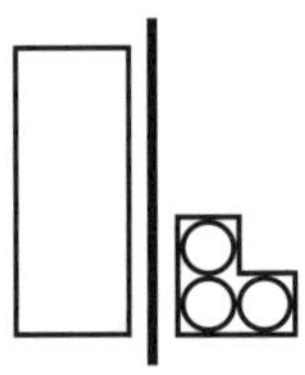

□□ ○ □□ ○ □□

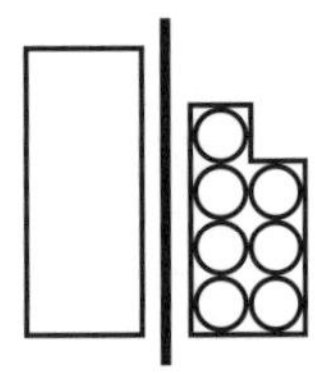

□□ ○ □□ ○ □□

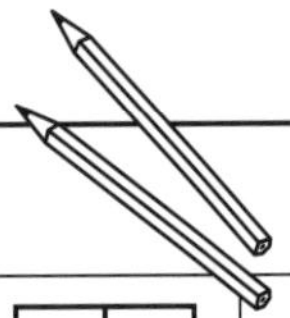

Zerlege!

17 = 10 + □□	16 = 10 + □□	15 = 10 + □□
11 = 10 + □□	20 = □□ + 10	18 = □□ + 8
20 = 10 + □□	18 = 10 + □□	19 = 10 + □□
19 = □□ + 9	14 = 10 + □□	17 = □□ + 7
13 = 10 + □□	10 = 10 + □□	12 = □□ + 2
12 = 10 + □□	15 = 10 + □□	13 = 10 + □□
9 = 4 + □□	17 = □□ + 7	6 = □□ + 2
16 = 10 + □□	10 = □□ + 0	18 = 10 + □□
20 = □□ + 10	8 = 1 + □□	14 = □□ + 4
11 = □□ + 1	19 = 10 + □□	20 = 10 + □□

Zerlegen: **ZE** → **E**

20 ☐☐

ZE → E

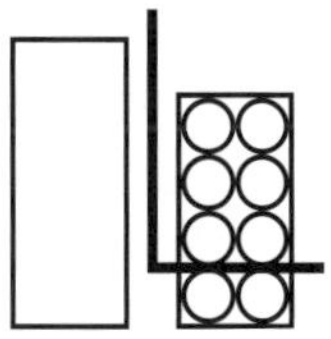

18 = 12 + ☐☐

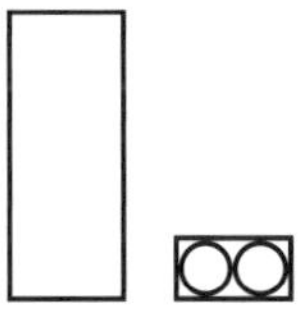

12 = 11 + ☐☐

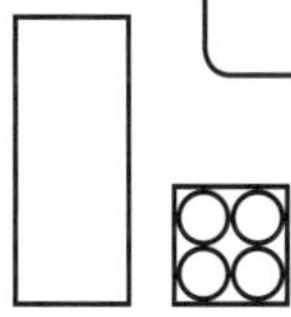

14 = 13 + ☐☐

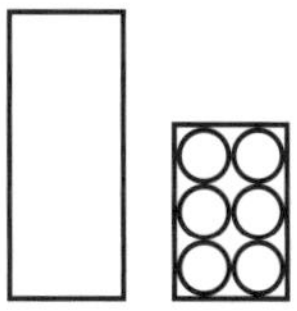

16 = 11 + ☐☐

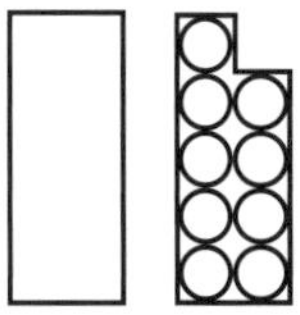

19 = 14 + ☐☐

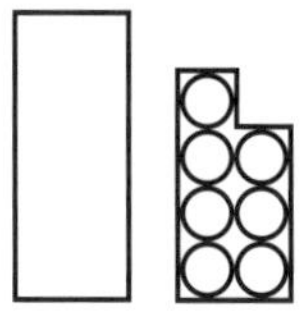

17 = 12 + ☐☐

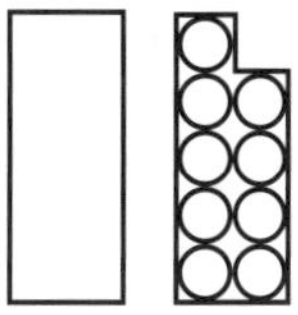

19 = 16 + ☐☐

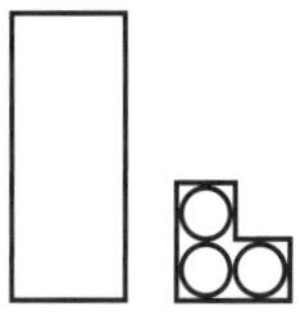

13 = 13 + ☐☐

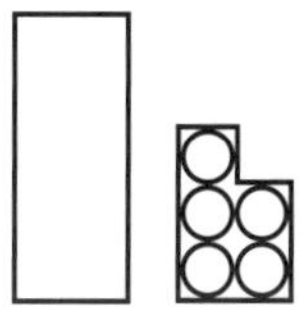

15 = 10 + ☐☐

Male selbst!

13 = 11 + ☐☐

17 = 14 + ☐☐

15 = 13 + ☐☐

16 = 12 + ☐☐

11 = 11 + ☐☐

18 = 16 + ☐☐

19 = 13 + ☐☐

12 = 10 + ☐☐

14 = 11 + ☐☐

Wie heißt die Aufgabe?

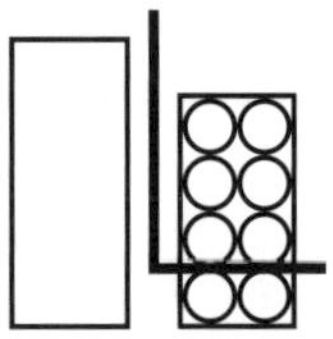 □□ ○ □□ ○ □□	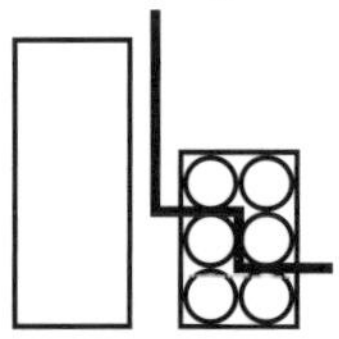 □□ ○ □□ ○ □□	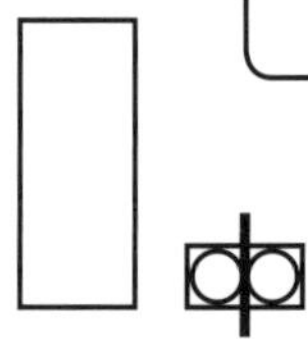 □□ ○ □□ ○ □□
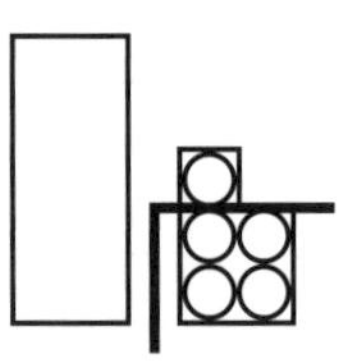 □□ ○ □□ ○ □□	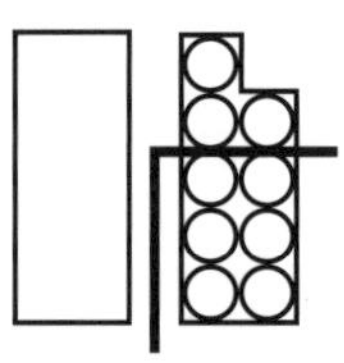 □□ ○ □□ ○ □□	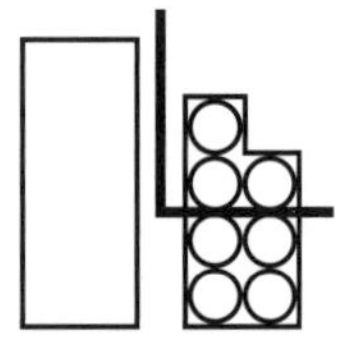 □□ ○ □□ ○ □□
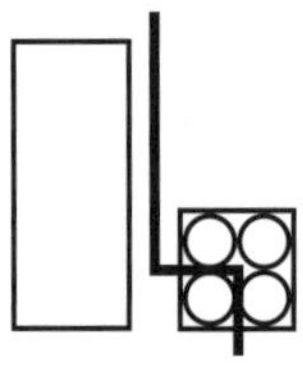 □□ ○ □□ ○ □□	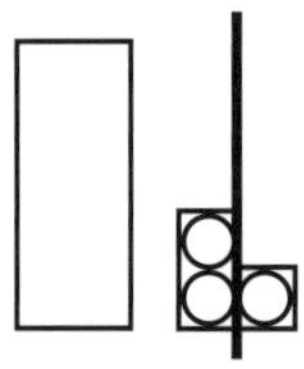 □□ ○ □□ ○ □□	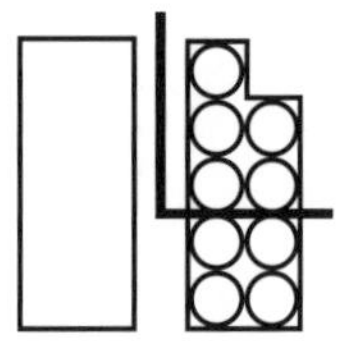 □□ ○ □□ ○ □□

Rechne!

15 = 13 + □□	15 = 14 + □□	9 = 1 + □□
6 = 4 + □□	9 = 0 + □□	17 = 15 + □□
16 = 14 + □□	14 = 12 + □□	12 = 10 + □□
11 = 10 + □□	11 = 11 + □□	14 = 11 + □□
19 = 15 + □□	17 = 13 + □□	18 = 14 + □□
18 = 11 + □□	18 = 16 + □□	12 = 11 + □□
10 = 10 + □□	14 = 13 + □□	19 = 13 + □□
13 = 12 + □□	13 = 11 + □□	16 = 10 + □□
8 = 2 + □□	10 = 2 + □□	17 = 2 + □□
19 = 13 + □□	16 = 12 + □□	17 = 12 + □□

Kistler/Schneider: Rechnen ohne Stolperstein, Band 2B. Illustrationen: Anja Lindemann

Wir zerlegen 20

20 ZE E

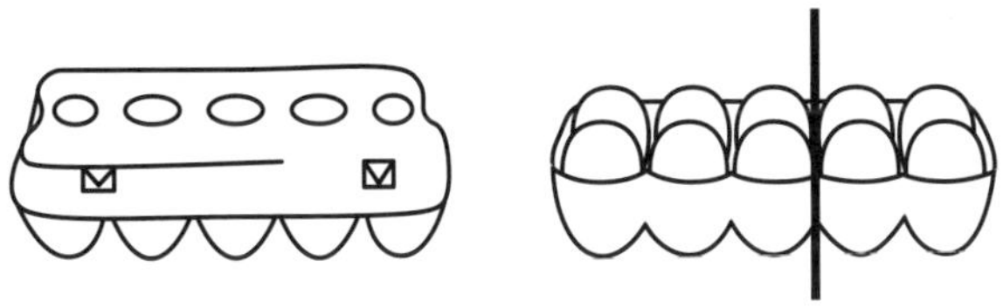

20 = 16 + ☐☐

20 = 13 + ☐☐

20 = 20 + ☐☐

20 = 15 + ☐☐

20 = 11 + ☐☐

20 = 19 + ☐☐

20 = 14 + ☐☐

Wie heißt die Aufgabe?

☐☐ ○ ☐☐ ○ ☐☐

☐☐ ○ ☐☐ ○ ☐☐

☐☐ ○ ☐☐ ○ ☐☐

☐☐ ○ ☐☐ ○ ☐☐

☐☐ ○ ☐☐ ○ ☐☐

☐☐ ○ ☐☐ ○ ☐☐

20 = 11 + ☐☐	20 = 18 + ☐☐	20 = 16 + ☐☐
20 = 13 + ☐☐	20 = 20 + ☐☐	20 = 12 + ☐☐
20 = 17 + ☐☐	20 = 14 + ☐☐	20 = 15 + ☐☐

Zerlegen: **Z** **E** und **ZE** **E**

20 □□
Z/ZE E

14 = 13 + □□	7 = 2 + □□	
10 = 2 + □□	15 = 11 + □□	12 = 11 + □□
9 = 4 + □□	20 = 17 + □□	17 = 15 + □□
11 = 10 + □□	13 = 12 + □□	8 = 1 + □□
16 = 12 + □□	18 = 14 + □□	20 = 11 + □□
15 = 13 + □□	9 = 2 + □□	16 = 10 + □□
17 = 12 + □□	18 = 16 + □□	12 = 11 + □□
20 = 10 + □□	10 = 1 + □□	7 = 1 + □□
8 = 3 + □□	11 = 11 + □□	14 = 11 + □□
19 = 11 + □□	17 = 13 + □□	13 = 11 + □□

Aufgaben-Regale:

17 =	
12	
	14
	13
11	

16 =	
	4
13	
2	
	11

14 =	
10	
	11
	1

18 =	
18	
	13
	4
14	

19 =	
17	
	0
3	
	12

20 =	
	16
3	
	14
10	

Kistler/Schneider: Rechnen ohne Stolperstein, Band 2B. Illustrationen: Anja Lindemann

20 □□
ZE ± E

Drei Freundinnen:

Was passiert?
Achte auf die große Freundin!

3	□3 + □6 = □□	□□ − □□ = □□	□□ = □□ + □□
6			
9	□□ + □□ = □□	□□ − □□ = □□	□□ = □□ + □□
13	□□ + □□ = □□	□□ − □□ = □□	□□ = □□ + □□
6			
19	□□ + □□ = □□	□□ − □□ = □□	□□ = □□ + □□
3	□□ + □□ = □□	□□ − □□ = □□	□□ = □□ + □□
16			
19	□□ + □□ = □□	□□ − □□ = □□	□□ = □□ + □□

Drei Freunde:

Was passiert?
Achte auf den großen Freund!

2	□□ + □□ = □□	□□ − □□ = □□	□□ = □□ + □□
6			
8	□□ + □□ = □□	□□ − □□ = □□	□□ = □□ + □□
12	□□ + □□ = □□	□□ − □□ = □□	□□ = □□ + □□
6			
18	□□ + □□ = □□	□□ − □□ = □□	□□ = □□ + □□
2	□□ + □□ = □□	□□ − □□ = □□	□□ = □□ + □□
16			
18	□□ + □□ = □□	□□ − □□ = □□	□□ = □□ + □□

Achte auf die große Freundin!

20 ZE ± E

13 + __ = 17
__ − 5 = 14
__ = 3 + 16
17 − 2 = __

10 + __ = 16
14 − 3 = __
13 = 1 + __
19 − __ = 14

12 + 4 = __
17 − __ = 12
__ − 6 = 10
13 = 13 + __

19 − __ = 15
__ + 3 = 17
13 = 11 + __
14 + __ = 20

Male die richtigen Ergebnisse aus!

12 + __ = 17 11 + __ = 18 17 − 4 = __	18 = 13 + __ 18 − 6 = __ 14 + __ = 19	19 − 7 = __ 18 = 11 + __ 13 + __ = 17
16 = 13 + __ 16 + 3 = __ 15 + __ = 19	18 + 2 = __ 19 − 9 = __ 19 = 17 + __	19 − 6 = __ 12 = 10 + __ 11 + __ = 17

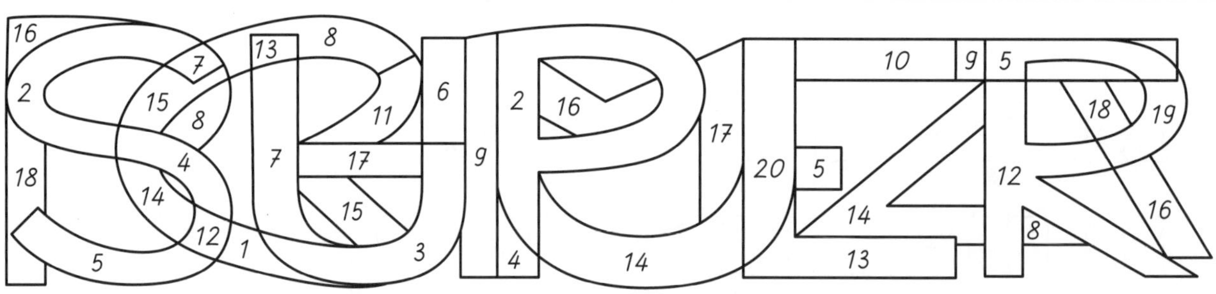

Kistler/Schneider: Rechnen ohne Stolperstein, Band 2B. Illustrationen: Anja Lindemann

Aufgaben mit den drei Freundinnen:

20 □□
ZE ± E

4 6 10	□4 + □6 = □□ □□ + □□ = □□	□□ − □□ = □□ □□ − □□ = □□	□□ = □□ + □□ □□ = □□ + □□
14 6 20	□□ + □□ = □□ □□ + □□ = □□	□□ − □□ = □□ □□ − □□ = □□	□□ = □□ + □□ □□ = □□ + □□
4 16 20	□□ + □□ = □□ □□ + □□ = □□	□□ − □□ = □□ □□ − □□ = □□	□□ = □□ + □□ □□ = □□ + □□

Aufgaben mit den drei Freunden:

7 3 10	□□ + □□ = □□ □□ + □□ = □□	□□ − □□ = □□ □□ − □□ = □□	□□ = □□ + □□ □□ = □□ + □□
17 3 20	□□ + □□ = □□ □□ + □□ = □□	□□ − □□ = □□ □□ − □□ = □□	□□ = □□ + □□ □□ = □□ + □□
13 7 20	□□ + □□ = □□ □□ + □□ = □□	□□ − □□ = □□ □□ − □□ = □□	□□ = □□ + □□ □□ = □□ + □□

Achte auf den großen Freund!

20 □□

ZE ± E

13 + □□ = 18

12 + □□ = 20

20 − □4 = □□

20 = □□ + 13

□□ + □3 = 19

15 + □□ = 20

20 = 11 + □□

19 − □6 = □□

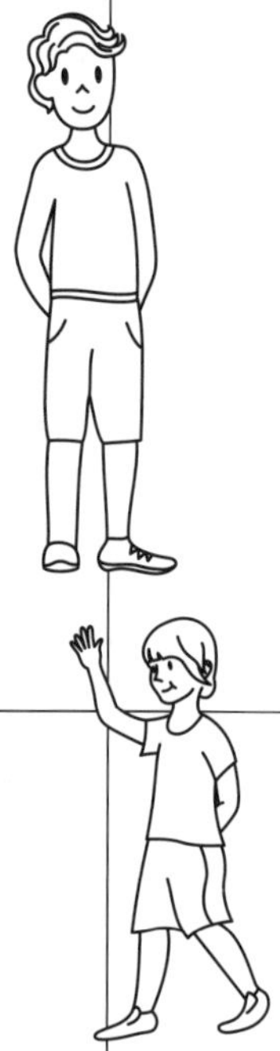

19 − □□ = 14

18 + □□ = 20

□□ + □3 = 20

20 − □9 = □□

20 − 19 = □□

18 = □7 + □□

20 = □□ + 18

14 − □3 = □□

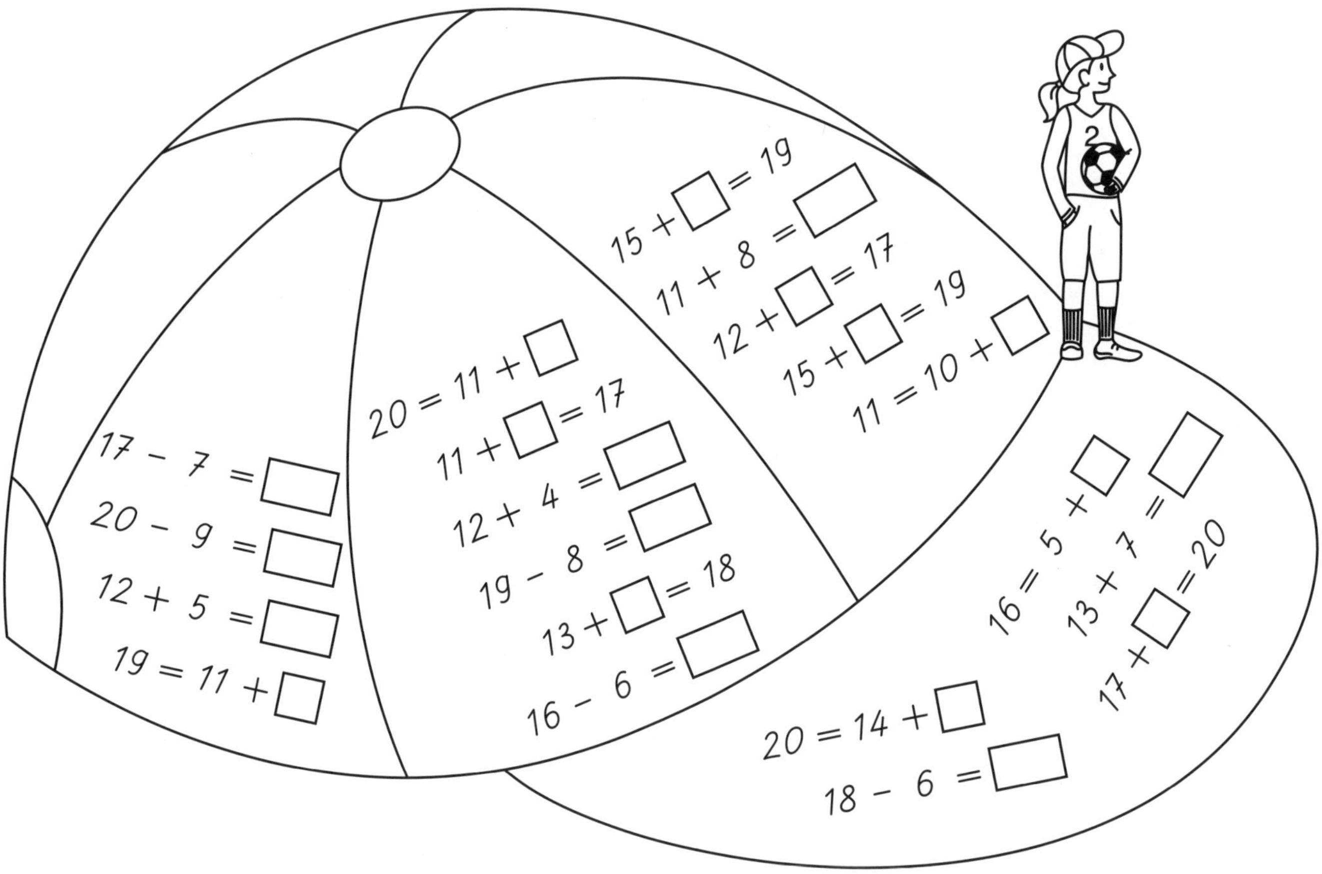

15 + □ = 19

11 + 8 = □

12 + □ = 17

15 + □ = 19

11 = 10 + □

20 = 11 + □

11 + □ = 17

12 + 4 = □

19 − 8 = □

13 + □ = 18

16 − 6 = □

17 − 7 = □

20 − 9 = □

12 + 5 = □

19 = 11 + □

16 = 5 + □

13 + 7 = □

17 + □ = 20

20 = 14 + □

18 − 6 = □

Kistler/Schneider: Rechnen ohne Stolperstein, Band 2B. Illustrationen: Anja Lindemann

Versteckte Aufgaben:

20 □□
ZE ± E

9 – 10 – 2 – 12 – 15

10 + 2 = 12

14 – 3 – 11 – 6 – 8

□ ○ □ ○ □

19 – 8 – 17 – 3 – 20

□ ○ □ ○ □

20 – 19 – 8 – 11 – 9

□ ○ □ ○ □

18 – 5 – 13 – 2 – 10

□ ○ □ ○ □

12 – 8 – 12 – 5 – 17

□ ○ □ ○ □

3 – 13 – 6 – 19 – 7

□ ○ □ ○ □

Umkehraufgaben:

□ − □ = □

□ + □ = □

13 − 2 = □

20 − 5 = □

17 − 4 = □

16 − 5 = □

19 − 8 = □

□ + □ = □

□ ○ □ ○ □

□ ○ □ ○ □

□ ○ □ ○ □

□ ○ □ ○ □

Achte auf Zehner **und** Einer! Streiche durch!

20 ___
ZE ⊖ ZE

17 – 13 = ___

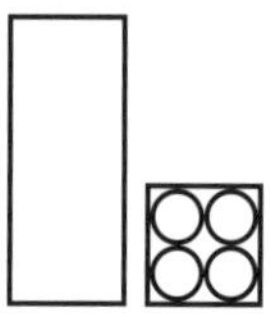

14 – 12 = ___

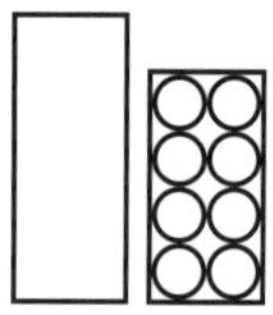

18 – 15 = ___

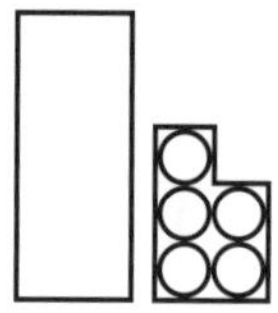

15 – 13 = ___

Augen auf: Was ändert sich?

18 – 11 = ___
18 – 17 = ___
14 – 3 = ___
12 – 11 = ___
15 – 12 = ___

17 – 14 = ___
16 – 12 = ___
19 – 18 = ___
20 – 8 = ___
10 – 7 = ___

9 – 3 = ___
13 – 12 = ___
20 – 9 = ___
8 – 5 = ___
19 – 13 = ___

19 – 12 = ___
20 – 10 = ___
19 – 14 = ___
14 – 2 = ___
17 – 13 = ___

15 – 4 = ___
18 – 15 = ___
19 – 17 = ___
13 – 3 = ___
14 – 11 = ___

Wir springen über den Zehner!

20 ZÜ ⊕

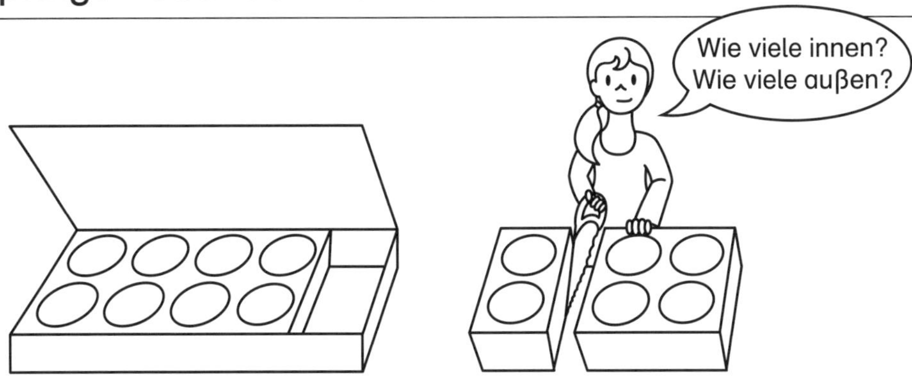

8 + 6 =

[8] + [2] + [4] = [ ][ ]

8 + 4 =

[ ] + [ ] + [ ] = [ ][ ]

9 + 5 =

[ ] + [ ] + [ ] = [ ][ ]

Mache den Zehner voll, zerlege!

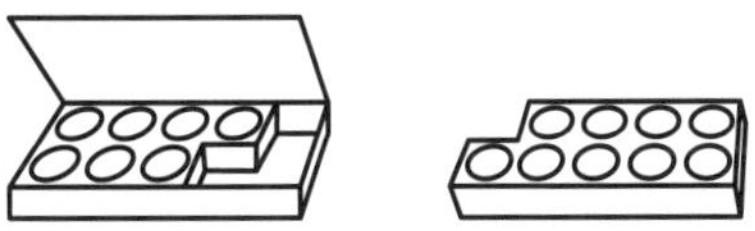

7 + 9 =

[ ] + [ ] + [ ] = [ ][ ]

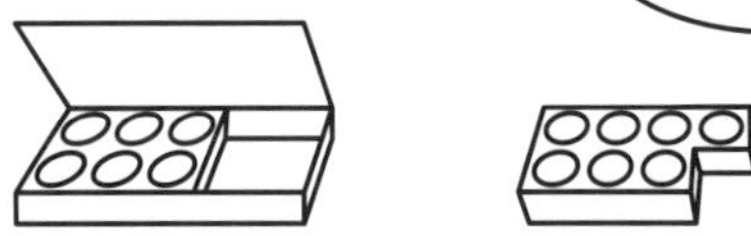

6 + 7 =

[ ] + [ ] + [ ] = [ ][ ]

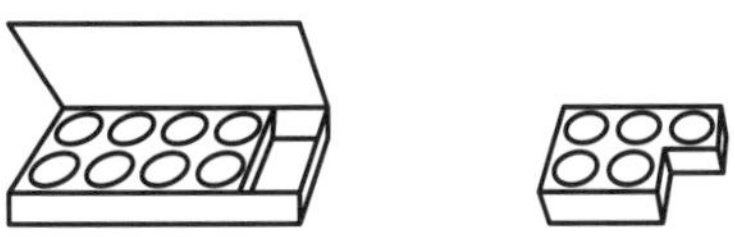

8 + 5 =

[ ] + [ ] + [ ] = [ ][ ]

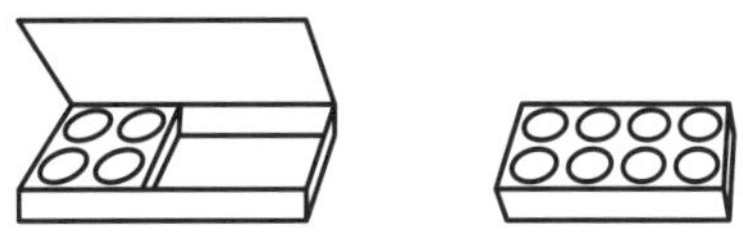

4 + 8 =

[ ] + [ ] + [ ] = [ ][ ]

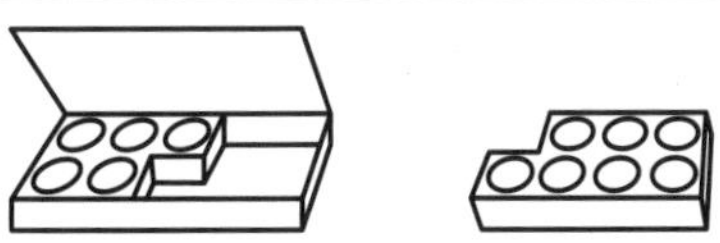

5 + 7 =

[ ] + [ ] + [ ] = [ ][ ]

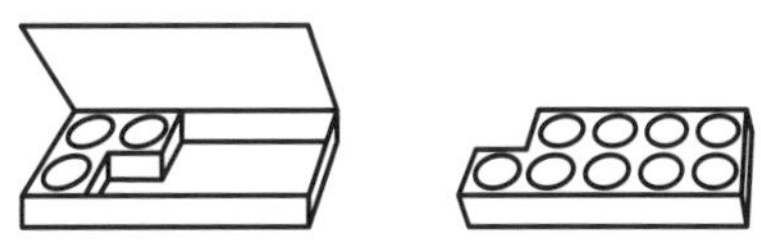

3 + 9 =

[ ] + [ ] + [ ] = [ ][ ]

20 ZÜ ⊕

Mache zuerst den Zehner voll!

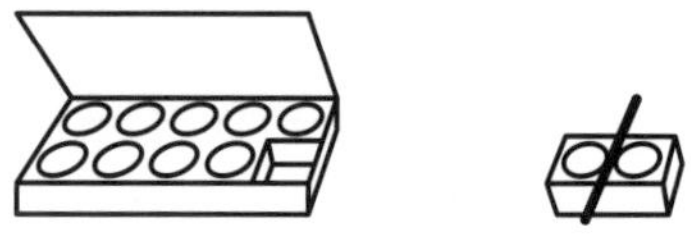

9 + 2 =

□ + □ + □ = □□

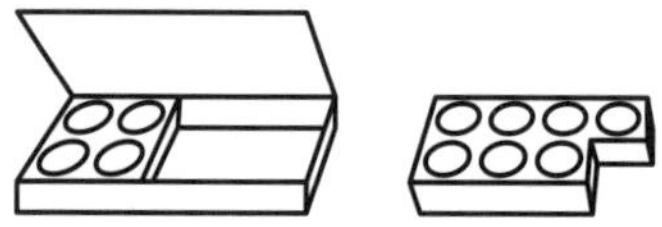

4 + 7 =

□ + □ + □ = □□

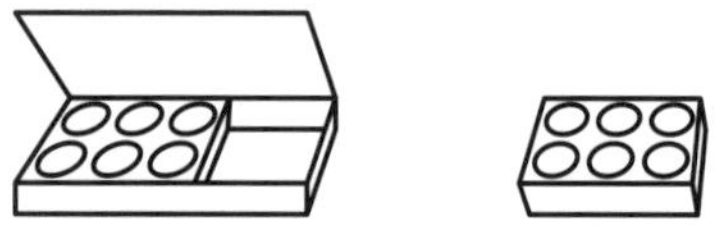

6 + 6 =

□ + □ + □ = □□

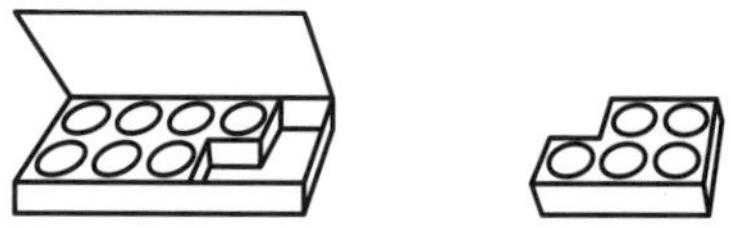

7 + 5 =

□ + □ + □ = □□

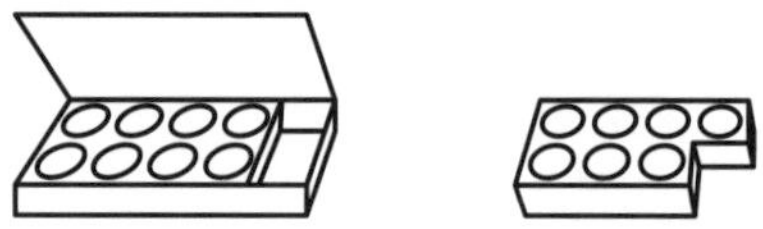

8 + 7 =

□ + □ + □ = □□

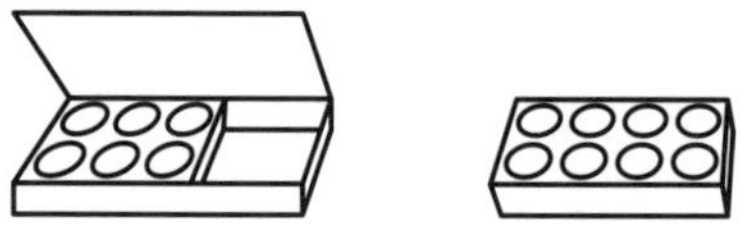

6 + 8 =

□ + □ + □ = □□

Zerlege richtig und mache den Zehner voll!

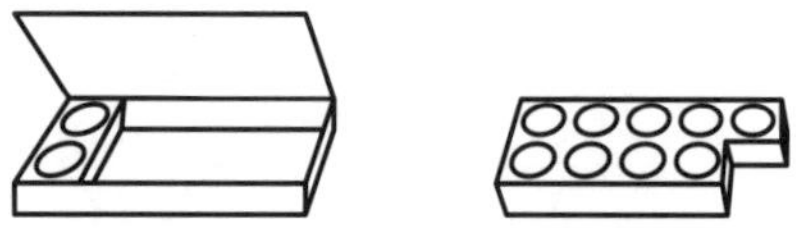

2 + 9 =

□ + □ + □ = □□

9 + 6 =

□ + □ + □ = □□

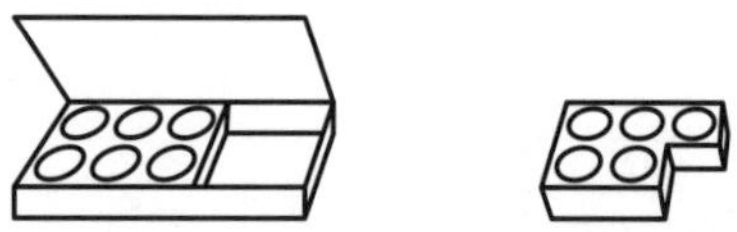

6 + 5 =

□ + □ + □ = □□

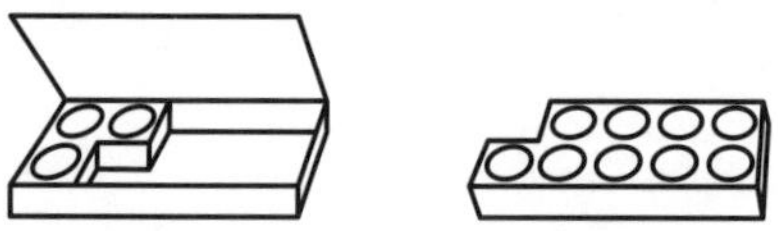

3 + 9 =

□ + □ + □ = □□

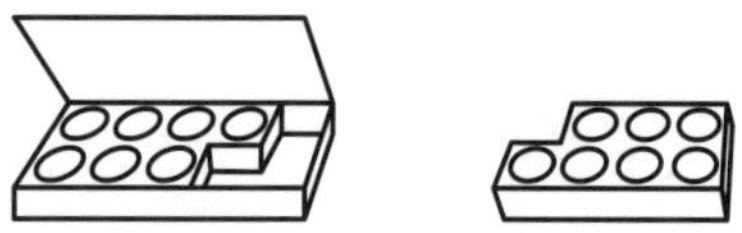

7 + 7 =

□ + □ + □ = □□

8 + 3 =

□ + □ + □ = □□

Kistler/Schneider: Rechnen ohne Stolperstein, Band 2B. Illustrationen: Anja Lindemann

Mache zuerst den Zehner voll!

20 ZÜ ⊕

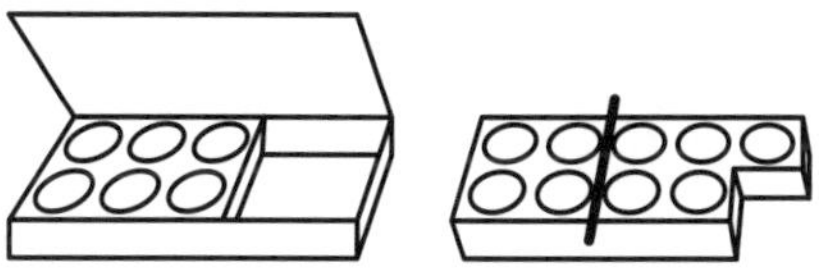

6 + 9 =

□ + □ + □ = □□

4 + 8 =

□ + □ + □ = □□

7 + 7 =

□ + □ + □ = □□

2 + 9 =

□ + □ + □ = □□

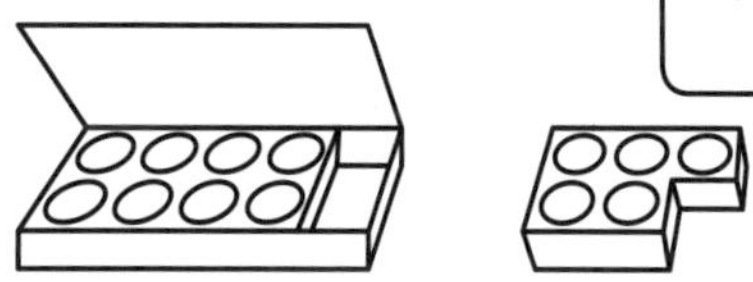

8 + 5 =

□ + □ + □ = □□

8 + 3 =

□ + □ + □ = □□

5 + 6 =

□ + □ + □ = □□

7 + 5 =

□ + □ + □ = □□

9 + 9 =

□ + □ + □ = □□

4 + 9 =

□ + □ + □ = □□

3 + 8 =

□ + □ + □ = □□

8 + 5 =

□ + □ + □ = □□

7 + 5 =

□ + □ + □ = □□

6 + 6 =

□ + □ + □ = □□

9 + 2 =

□ + □ + □ = □□

6 + 9 =

□ + □ + □ = □□

5 + 8 =

□ + □ + □ = □□

2 + 9 =

□ + □ + □ = □□

Wir springen von 9 über den Zehner!

20 ☐☐ ZÜ ⊕

9 + 5 =
☐ + ☐ + ☐ = ☐☐

9 + 2 =
☐ + ☐ + ☐ = ☐☐

9 + 8 =
☐ + ☐ + ☐ = ☐☐

9 + 3 =
☐ + ☐ + ☐ = ☐☐

9 + 6 =
☐ + ☐ + ☐ = ☐☐

9 + 7 =
☐ + ☐ + ☐ = ☐☐

Zehnerspringen: Male und rechne!

9 + 2 =
☐ + ☐ + ☐ = ☐☐

9 + 8 =
☐ + ☐ + ☐ = ☐☐

9 + 7 =
☐ + ☐ + ☐ = ☐☐

9 + 6 =
☐ + ☐ + ☐ = ☐☐

9 + 4 =
☐ + ☐ + ☐ = ☐☐

9 + 9 =
☐ + ☐ + ☐ = ☐☐

Kistler/Schneider: Rechnen ohne Stolperstein, Band 2B. Illustrationen: Anja Lindemann

Kannst du es schon auswendig?

20 ZÜ ⊕

9 + 3 =
□ + □ + □ = □□

9 + 5 =
□ + □ + □ = □□

9 + 8 =
□ + □ + □ = □□

9 + 1 =
□ + □ + □ = □□

9 + 2 =
□ + □ + □ = □□

9 + 4 =
□ + □ + □ = □□

9 + 9 =
□ + □ + □ = □□

9 + 7 =
□ + □ + □ = □□

9 + 6 =
□ + □ + □ = □□

Von 9 über den Zehner!

9 + 9 =
□ + □ + □ = □□

9 + 4 =
□ + □ + □ = □□

9 + 6 =
□ + □ + □ = □□

9 + 3 =
□ + □ + □ = □□

9 + 7 =
□ + □ + □ = □□

9 + 5 =
□ + □ + □ = □□

9 + 8 =
□ + □ + □ = □□

9 + 2 =
□ + □ + □ = □□

9 + 8 =
□ + □ + □ = □□

Wir springen von 8 über den Zehner!

20 ☐☐ ZÜ ⊕

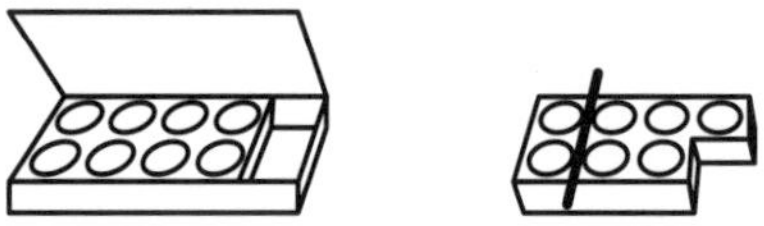

8 + 7 =

☐ + ☐ + ☐ = ☐☐

8 + 3 =

☐ + ☐ + ☐ = ☐☐

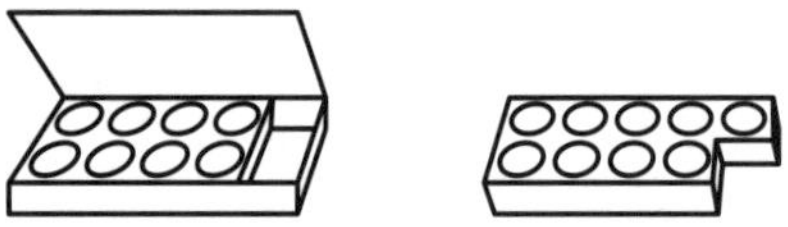

8 + 9 =

☐ + ☐ + ☐ = ☐☐

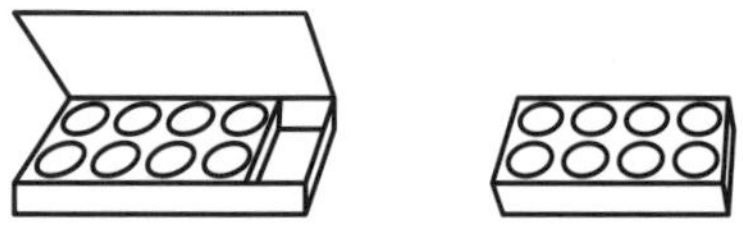

8 + 8 =

☐ + ☐ + ☐ = ☐☐

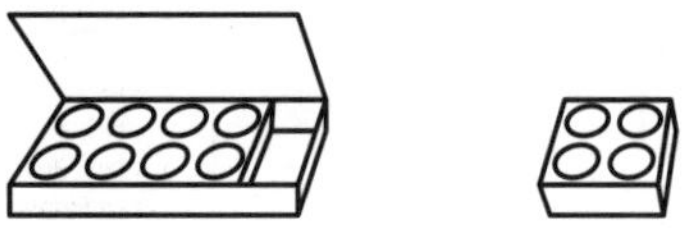

8 + 4 =

☐ + ☐ + ☐ = ☐☐

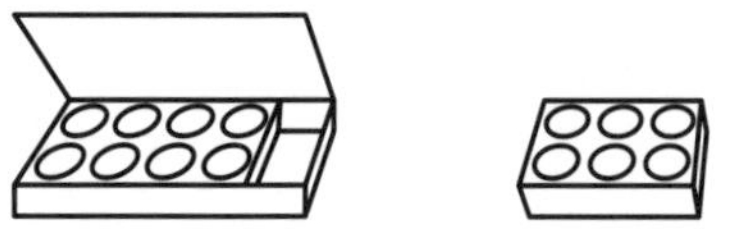

8 + 6 =

☐ + ☐ + ☐ = ☐☐

Und jetzt auswendig!

8 + 6 =

☐ + ☐ + ☐ = ☐☐

8 + 3 =

☐ + ☐ + ☐ = ☐☐

8 + 9 =

☐ + ☐ + ☐ = ☐☐

8 + 4 =

☐ + ☐ + ☐ = ☐☐

8 + 8 =

☐ + ☐ + ☐ = ☐☐

8 + 7 =

☐ + ☐ + ☐ = ☐☐

8 + 5 =

☐ + ☐ + ☐ = ☐☐

Kistler/Schneider: Rechnen ohne Stolperstein, Band 2B. Illustrationen: Anja Lindemann

Wir springen von 7 über den Zehner!

20 ☐☐

ZÜ ⊕

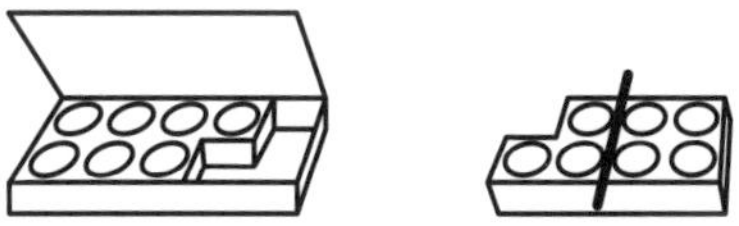

7 + 7 =

☐ + ☐ + ☐ = ☐☐

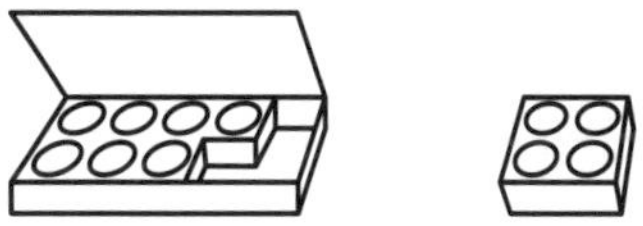

7 + 4 =

☐ + ☐ + ☐ = ☐☐

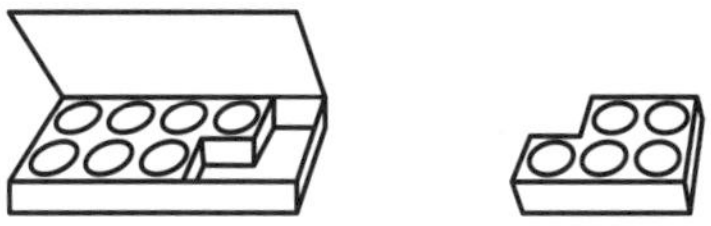

7 + 5 =

☐ + ☐ + ☐ = ☐☐

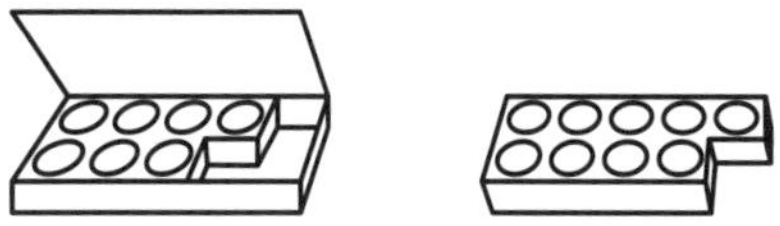

7 + 9 =

☐ + ☐ + ☐ = ☐☐

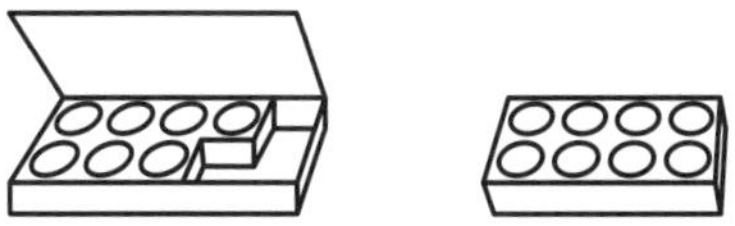

7 + 8 =

☐ + ☐ + ☐ = ☐☐

7 + 6 =

☐ + ☐ + ☐ = ☐☐

Und jetzt auswendig!

7 + 8 =

☐ + ☐ + ☐ = ☐☐

7 + 7 =

☐ + ☐ + ☐ = ☐☐

7 + 4 =

☐ + ☐ + ☐ = ☐☐

7 + 6 =

☐ + ☐ + ☐ = ☐☐

7 + 3 =

☐ + ☐ + ☐ = ☐☐

7 + 5 =

☐ + ☐ + ☐ = ☐☐

7 + 9 =

☐ + ☐ + ☐ = ☐☐

Wir springen von 5 und 6 über den Zehner!

20 ZÜ ⊕

6 + 7 =

□ + □ + □ = □□

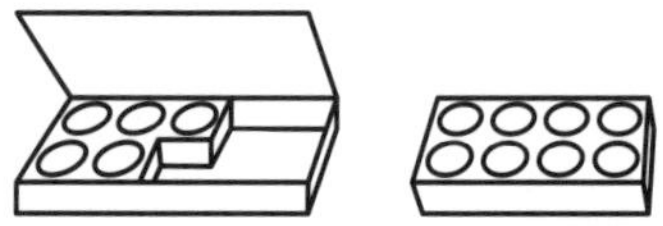

5 + 8 =

□ + □ + □ = □□

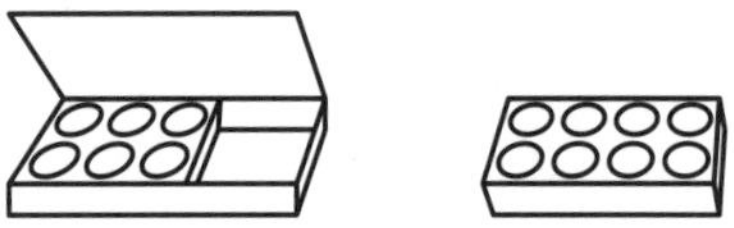

6 + 8 =

□ + □ + □ = □□

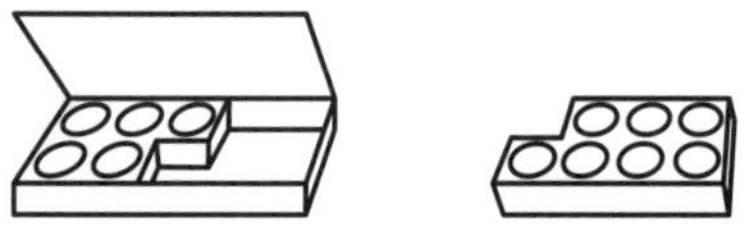

5 + 7 =

□ + □ + □ = □□

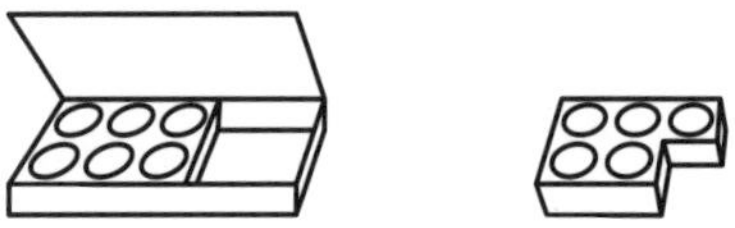

6 + 5 =

□ + □ + □ = □□

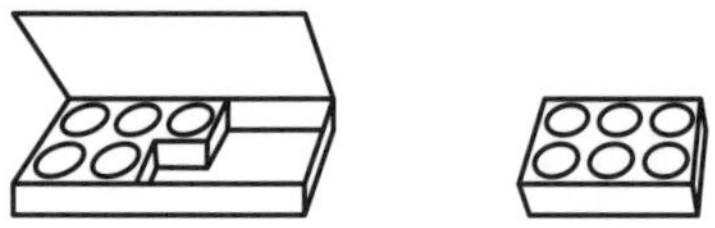

5 + 6 =

□ + □ + □ = □□

Und jetzt auswendig!

6 + 6 =

□ + □ + □ = □□

6 + 9 =

□ + □ + □ = □□

5 + 6 =

□ + □ + □ = □□

6 + 5 =

□ + □ + □ = □□

5 + 7 =

□ + □ + □ = □□

6 + 8 =

□ + □ + □ = □□

5 + 8 =

□ + □ + □ = □□

6 + 7 =

□ + □ + □ = □□

5 + 9 =

□ + □ + □ = □□

Kistler/Schneider: Rechnen ohne Stolperstein, Band 2B. Illustrationen: Anja Lindemann

20 ZÜ ⊕

Wir springen von 2, 3 und 4 über den Zehner!

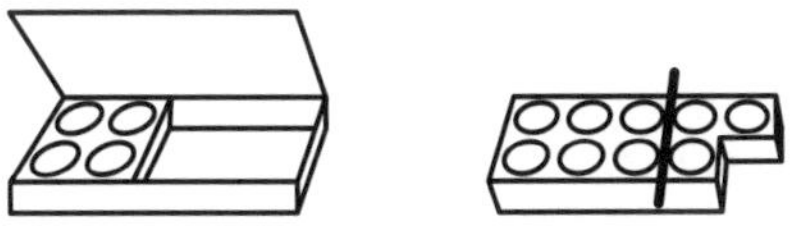

4 + 9 =

□ + □ + □ = □□

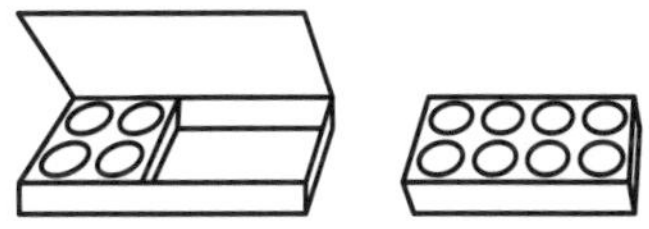

4 + 8 =

□ + □ + □ = □□

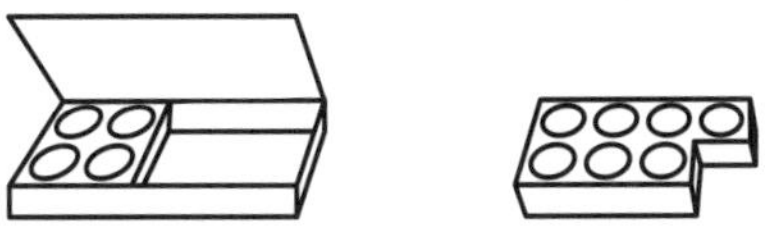

4 + 7 =

□ + □ + □ = □□

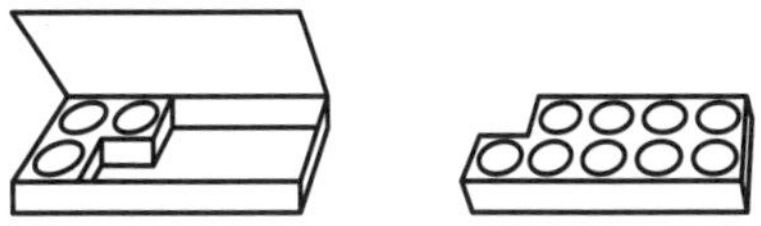

3 + 9 =

□ + □ + □ = □□

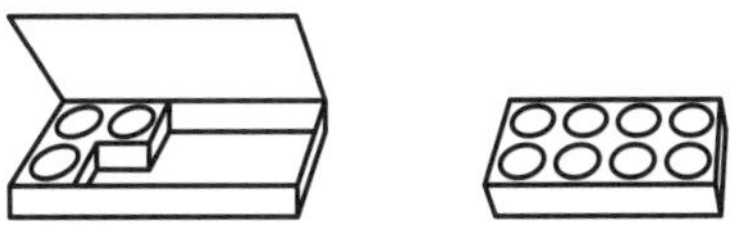

3 + 8 =

□ + □ + □ = □□

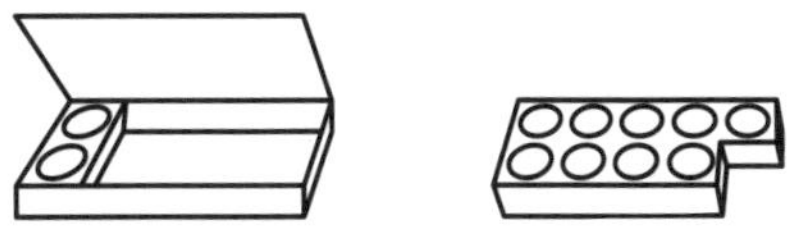

2 + 9 =

□ + □ + □ = □□

Und jetzt auswendig!

4 + 8 =

□ + □ + □ = □□

4 + 7 =

□ + □ + □ = □□

3 + 9 =

□ + □ + □ = □□

4 + 9 =

□ + □ + □ = □□

3 + 8 =

□ + □ + □ = □□

2 + 9 =

□ + □ + □ = □□

Mache zuerst den Zehner voll!

20 ☐☐ ZÜ ⊕

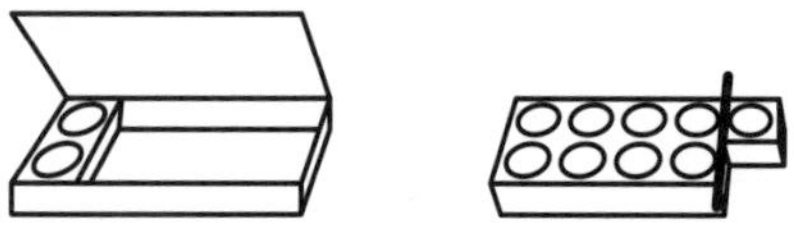

2 + 9 =

☐ + ☐ + ☐ = ☐☐

9 + 4 =

☐ + ☐ + ☐ = ☐☐

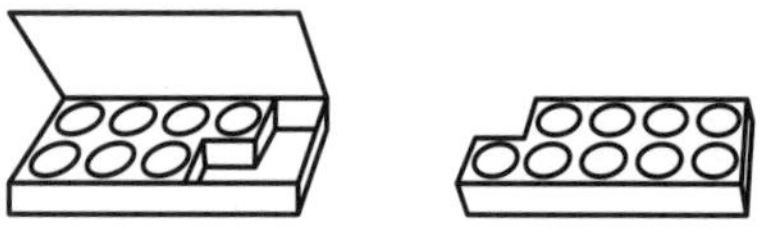

7 + 9 =

☐ + ☐ + ☐ = ☐☐

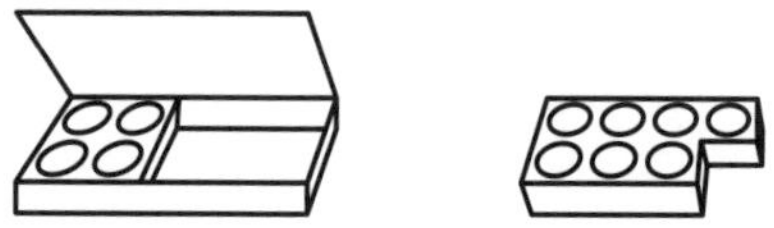

4 + 7 =

☐ + ☐ + ☐ = ☐☐

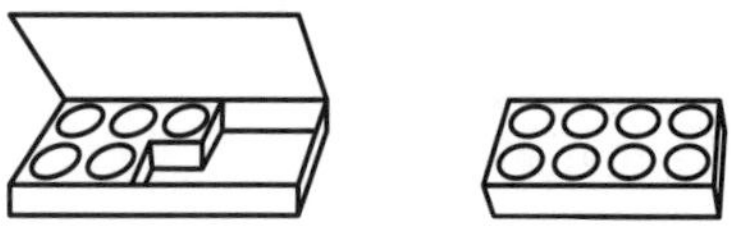

5 + 8 =

☐ + ☐ + ☐ = ☐☐

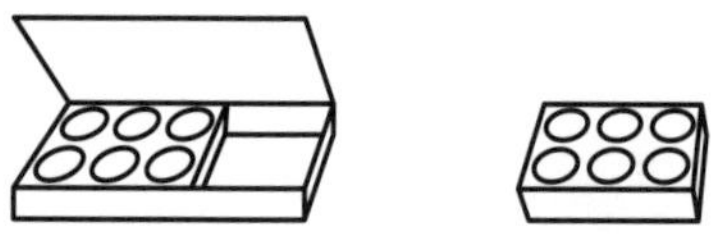

6 + 6 =

☐ + ☐ + ☐ = ☐☐

Zehnerspringen

8 + 7 =

☐ + ☐ + ☐ = ☐☐

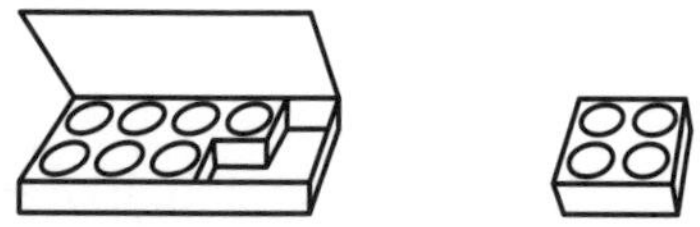

7 + 4 =

☐ + ☐ + ☐ = ☐☐

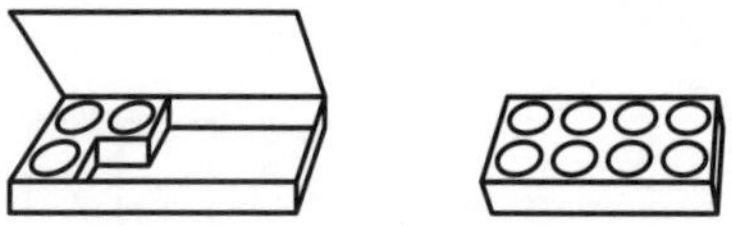

3 + 8 =

☐ + ☐ + ☐ = ☐☐

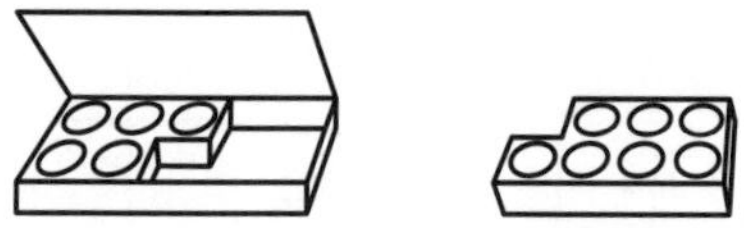

5 + 7 =

☐ + ☐ + ☐ = ☐☐

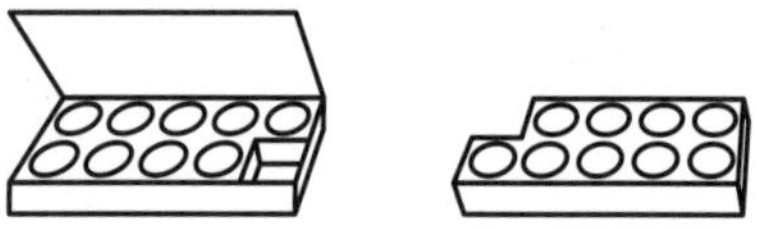

9 + 9 =

☐ + ☐ + ☐ = ☐☐

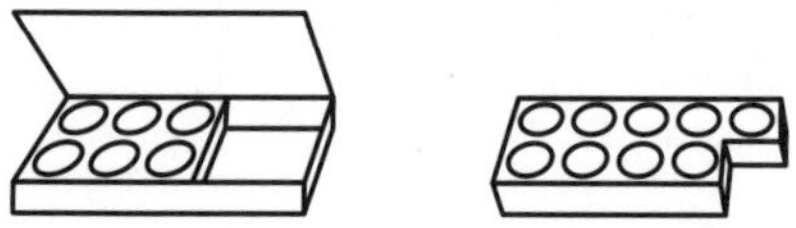

6 + 9 =

☐ + ☐ + ☐ = ☐☐

Kistler/Schneider: Rechnen ohne Stolperstein, Band 2B. Illustrationen: Anja Lindemann

Wie viele innen? Wie viele außen?

20 □□

ZÜ ⊕

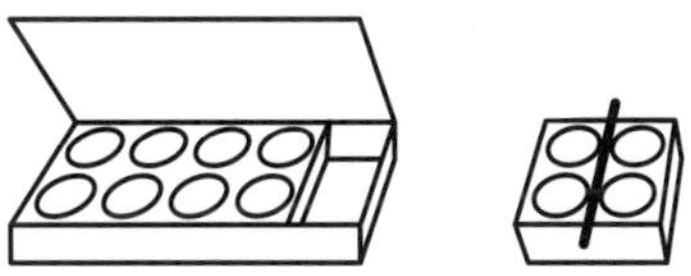

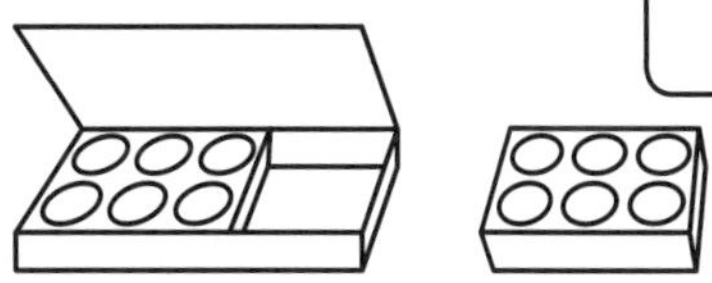

8 + 4 = □ + □ + □ = □□	6 + 6 = □ + □ + □ = □□
5 + 6 = □ + □ + □ = □□	4 + 8 = □ + □ + □ = □□
2 + 9 = □ + □ + □ = □□	9 + 6 = □ + □ + □ = □□
7 + 8 = □ + □ + □ = □□	7 + 7 = □ + □ + □ = □□

Noch mehr Zehnersprünge!

3 + 8 = □ + □ + □ = □□	6 + 6 = □ + □ + □ = □□
9 + 7 = □ + □ + □ = □□	7 + 9 = □ + □ + □ = □□
5 + 9 = □ + □ + □ = □□	8 + 8 = □ + □ + □ = □□
3 + 9 = □ + □ + □ = □□	5 + 8 = □ + □ + □ = □□
6 + 7 = □ + □ + □ = □□	9 + 4 = □ + □ + □ = □□

⊕ Plusaufgaben

20 ZÜ ⊕

5 + 7 =
□ + □ + □ = □□

9 + 3 =
□ + □ + □ = □□

2 + 9 =
□ + □ + □ = □□

8 + 3 =
□ + □ + □ = □□

6 + 8 =
□ + □ + □ = □□

7 + 5 =
□ + □ + □ = □□

4 + 9 =
□ + □ + □ = □□

3 + 8 =
□ + □ + □ = □□

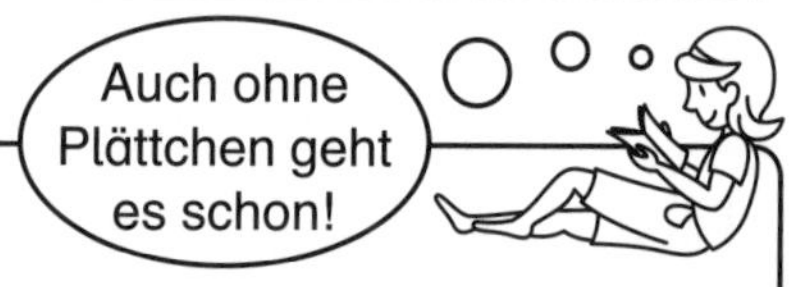

Noch mehr Plusaufgaben:

3 + 9 =
□ + □ + □ = □□

9 + 9 =
□ + □ + □ = □□

5 + 6 =
□ + □ + □ = □□

8 + 8 =
□ + □ + □ = □□

7 + 8 =
□ + □ + □ = □□

4 + 8 =
□ + □ + □ = □□

8 + 7 =
□ + □ + □ = □□

6 + 6 =
□ + □ + □ = □□

6 + 5 =
□ + □ + □ = □□

5 + 9 =
□ + □ + □ = □□

Kistler/Schneider: Rechnen ohne Stolperstein, Band 2B. Illustrationen: Anja Lindemann

⊕ Plusaufgaben

20 □□
ZÜ ⊕

5 + 8 =
□ + □ + □ = □□

9 + 3 =
□ + □ + □ = □□

9 + 6 =
□ + □ + □ = □□

6 + 6 =
□ + □ + □ = □□

6 + 8 =
□ + □ + □ = □□

8 + 5 =
□ + □ + □ = □□

3 + 9 =
□ + □ + □ = □□

4 + 8 =
□ + □ + □ = □□

Wie heißt die Aufgabe?

□ + □ + □ = □□

□ + □ + □ = □□

□ + □ + □ = □□

□ + □ + □ = □□

□ + □ + □ = □□

□ + □ + □ = □□

⊕ Plusaufgaben

20 ZÜ ⊕

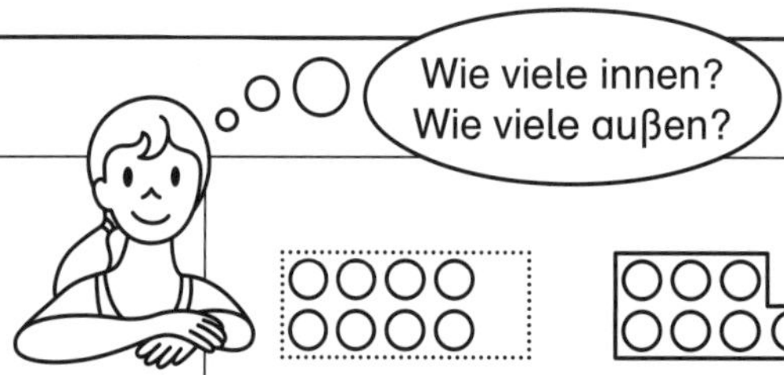

$9 + 7 = \square\square$

$8 + 7 = \square\square$

9 ⊕

$9 + 5 =$
$9 + 8 =$
$9 + 3 =$
$9 + 9 =$
$9 + 6 =$
$9 + 2 =$
$9 + 4 =$
$9 + 7 =$

8 ⊕

$8 + 8 =$
$8 + 5 =$
$8 + 9 =$
$8 + 4 =$
$8 + 7 =$
$8 + 6 =$
$8 + 3 =$

$9 + 8 =$
$8 + 8 =$
$9 + 7 =$
$8 + 7 =$
$9 + 5 =$
$8 + 5 =$
$9 + 3 =$
$8 + 3 =$
$9 + 6 =$
$8 + 6 =$

Zehner-Übersprünge

$4 + 9 =$
$4 + 7 =$
$4 + 8 =$

$7 + 6 =$
$7 + 4 =$
$7 + 5 =$
$7 + 8 =$
$7 + 9 =$
$7 + 7 =$

$3 + 9 =$
$3 + 8 =$

$5 + 7 =$
$5 + 9 =$
$5 + 6 =$
$5 + 8 =$

$6 + 8 =$
$6 + 5 =$
$6 + 7 =$
$6 + 9 =$
$6 + 6 =$

$7 + 5 =$
$6 + 5 =$
$7 + 8 =$
$6 + 8 =$
$5 + 8 =$
$4 + 8 =$
$3 + 8 =$
$7 + 6 =$
$6 + 6 =$
$5 + 6 =$

$7 + 9 =$
$6 + 9 =$
$5 + 9 =$
$4 + 9 =$
$3 + 9 =$
$2 + 9 =$
$7 + 9 =$
$6 + 7 =$
$5 + 7 =$
$4 + 7 =$

$2 + 9 =$

Kistler/Schneider: Rechnen ohne Stolperstein, Band 2B. Illustrationen: Anja Lindemann

Gemischte Zehnersprünge!

20 ZÜ ⊕

8 + 6 =	7 + 8 =	
6 + 8 =	5 + 7 =	8 + 3 =
3 + 9 =	9 + 3 =	9 + 6 =
7 + 4 =	6 + 7 =	4 + 8 =
9 + 7 =	8 + 7 =	7 + 5 =
8 + 8 =	8 + 5 =	5 + 9 =
5 + 6 =	5 + 8 =	9 + 4 =
9 + 8 =	6 + 6 =	7 + 6 =
6 + 9 =	9 + 5 =	8 + 9 =
8 + 4 =	7 + 9 =	9 + 9 =

Male richtig aus!

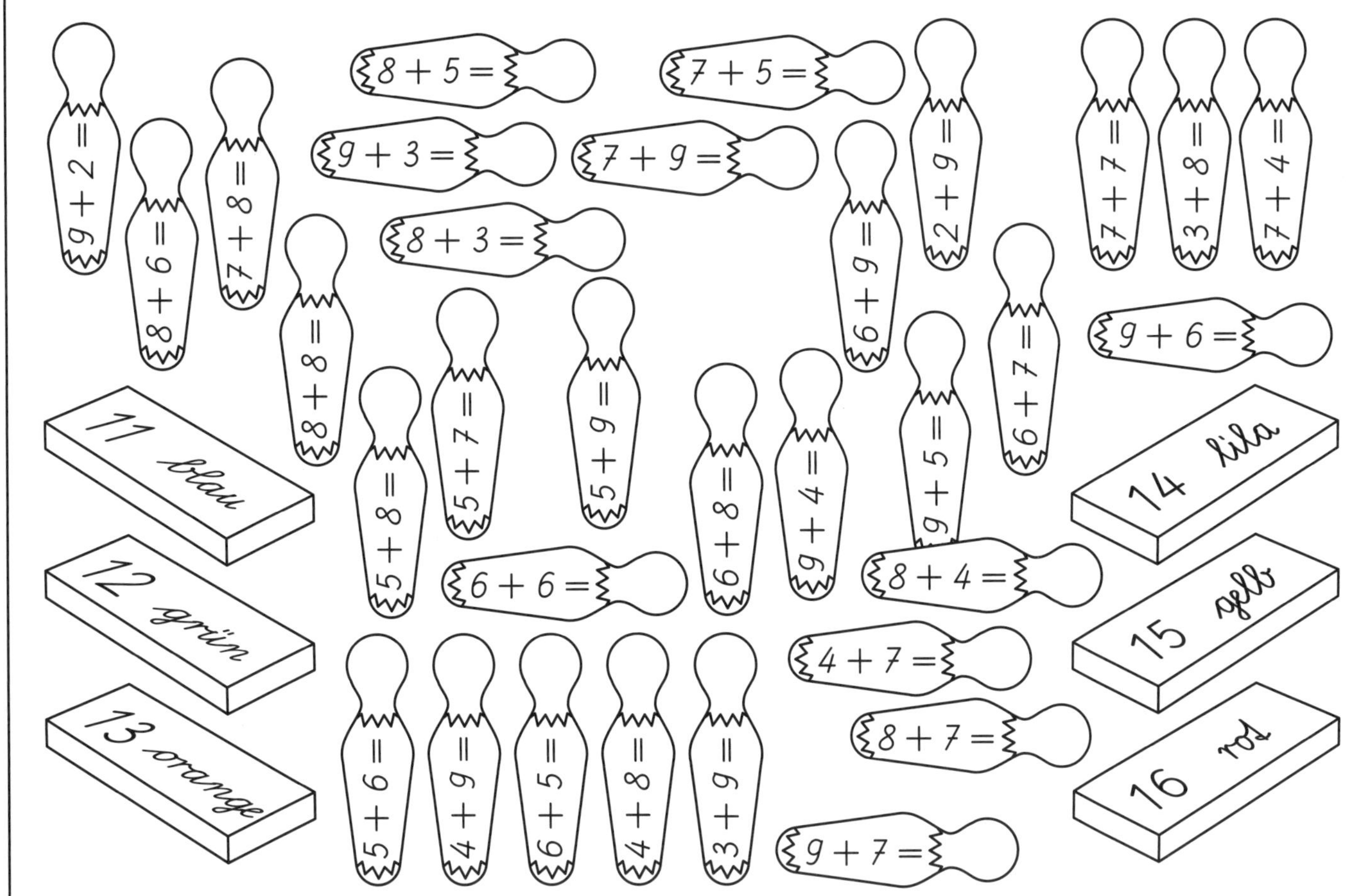

Mit der Tauschaufgabe geht es einfacher!

20 ☐☐ ZÜ ⊕

4 ⊕ 8 ⊜ ☐☐

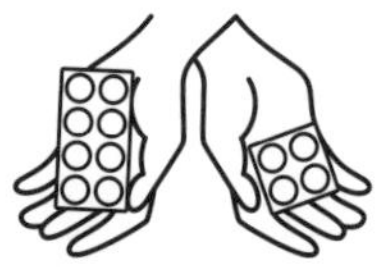

8 ⊕ 4 ⊜ ☐☐

3 ⊕ 9 ⊜ ☐☐

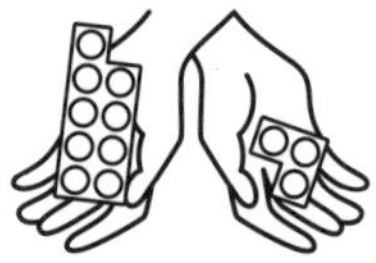

☐ ⊕ ☐ ⊜ ☐☐

6 + 9 = ☐☐

4 + 7 = ☐☐

7 + 8 = ☐☐

4 + 9 = ☐☐

☐ ○ ☐ ○ ☐☐

☐ ○ ☐ ○ ☐☐

☐ ○ ☐ ○ ☐☐

☐ ○ ☐ ○ ☐☐

Verdoppeln: 

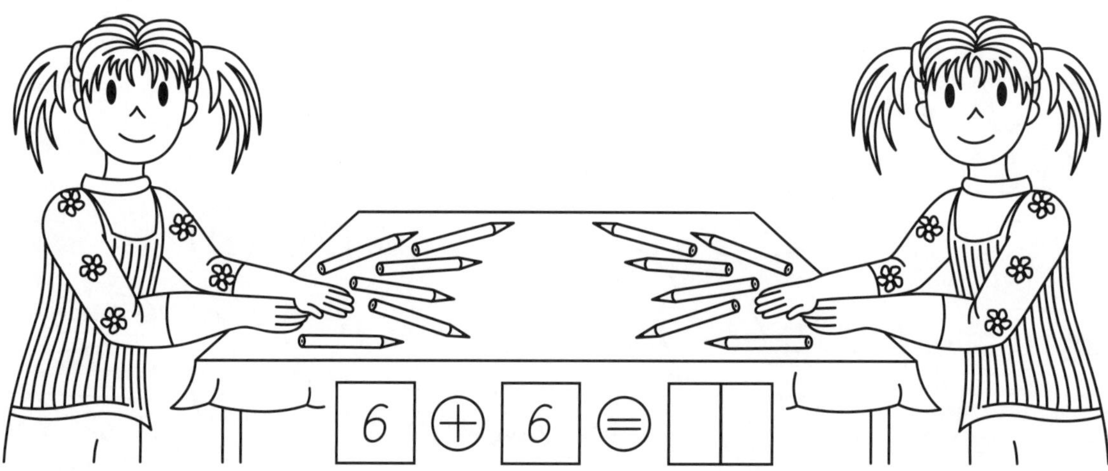

6 ⊕ 6 ⊜ ☐☐

7 ⊕ ☐ ⊜ ☐☐

3 ○ ☐ ○ ☐☐

9 ○ ☐ ○ ☐☐

2 ○ ☐ ○ ☐☐

5 ⊕ ☐ ⊜ ☐☐

8 ○ ☐ ○ ☐☐

4 ○ ☐ ○ ☐☐

6 ○ ☐ ○ ☐☐

Kistler/Schneider: Rechnen ohne Stolperstein, Band 2B. Illustrationen: Anja Lindemann

Rechengeschichten

20 ☐☐
ZÜ ⊕

Die 2. Klasse feiert ein Fest. 7 Besucherstühle stehen schon. Sofie und Fabian stellen noch 7 dazu. Wie viele Stühle für Besucher gibt es?

Wir rechnen: ☐☐ ◯ ☐☐ ◯ ☐☐

Wir antworten: ____________________

Franz macht seinen Wasserfarbkasten sauber. 9 Farben sind schon sauber, 3 Farben putzt er noch aus. Wie viele saubere Farben sind am Schluss im Kasten?

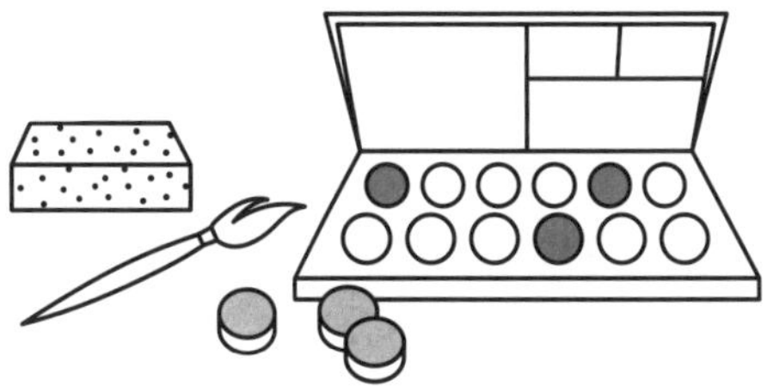

Wir rechnen: ☐☐ ◯ ☐☐ ◯ ☐☐

Wir antworten: ____________________

Achtung: Kettenaufgaben!

8 + 8 + 3 = ☐ (16)	3 4 7 = ☐
6 6 5 = ☐	7 2 3 = ☐
4 3 4 = ☐	8 0 8 = ☐
2 2 9 = ☐	4 5 9 = ☐

Wir springen rückwärts über den Zehner!

20 ZÜ ⊖

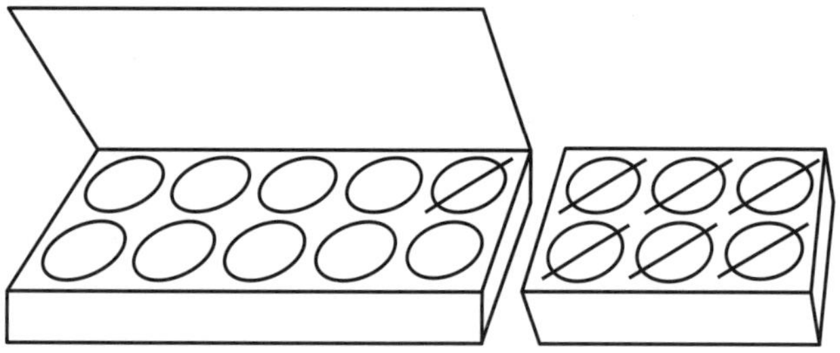

16 − 7 =

□□ − □ − □ = □

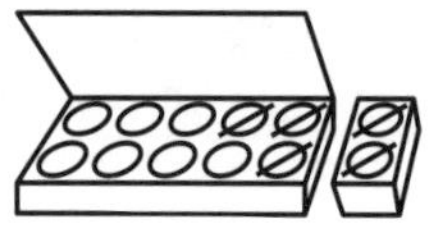

12 − 5 =

□□ − □ − □ = □

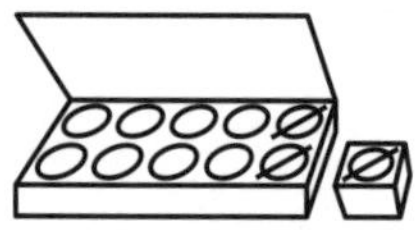

11 − 3 =

□□ − □ − □ = □

Streiche außen zuerst, zerlege!

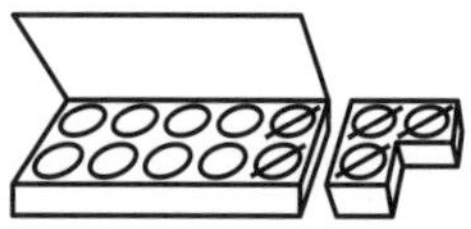

13 − 5 =

□□ − □ − □ = □

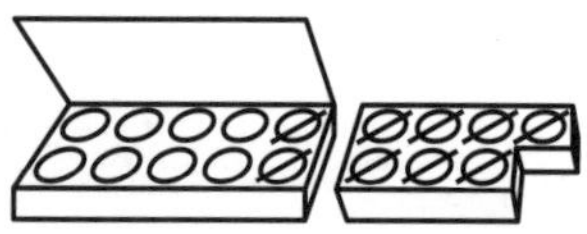

17 − 9 =

□□ − □ − □ = □

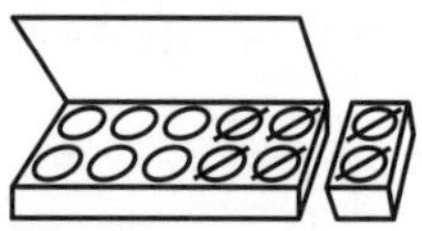

12 − 6 =

□□ − □ − □ = □

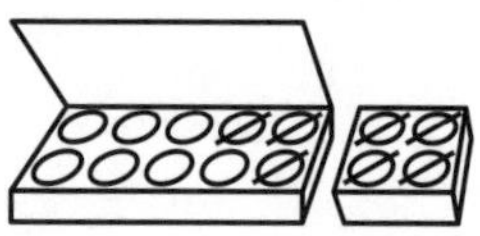

14 − 7 =

□□ − □ − □ = □

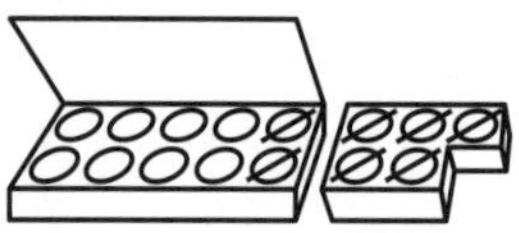

15 − 7 =

□□ − □ − □ = □

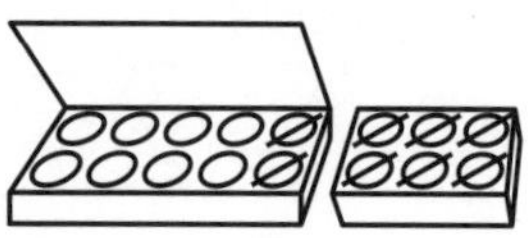

16 − 8 =

□□ − □ − □ = □

Streiche außen zuerst!

20 ZÜ ⊖

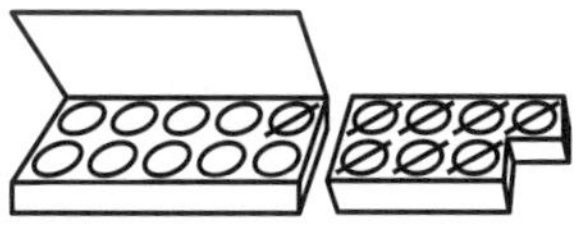

17 − 8 =

□□ − □ − □ = □

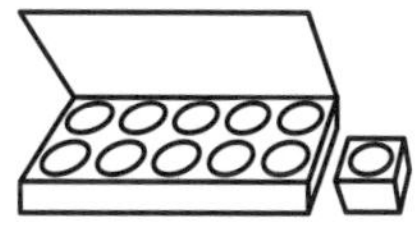

11 − 4 =

□□ − □ − □ = □

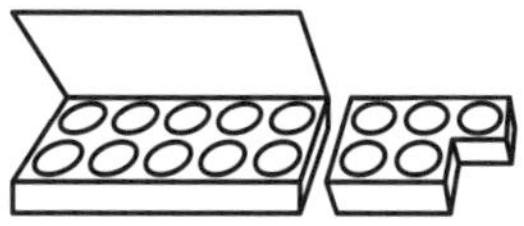

15 − 8 =

□□ − □ − □ = □

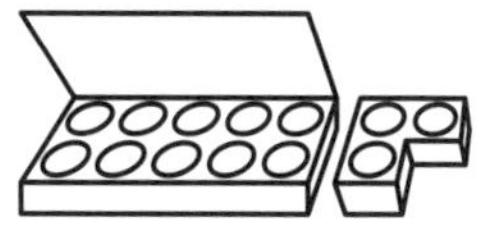

13 − 8 =

□□ − □ − □ = □

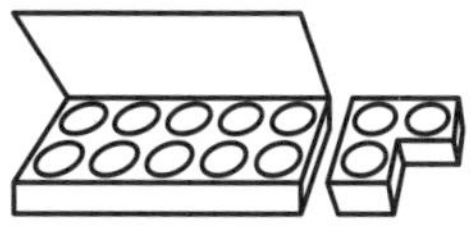

13 − 6 =

□□ − □ − □ = □

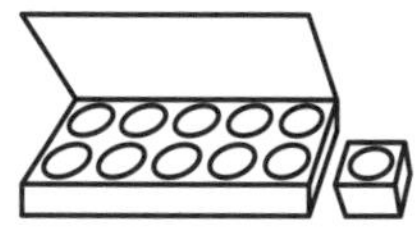

11 − 8 =

□□ − □ − □ = □

Zerlege richtig und streiche außen zuerst!

12 − 4 =

□□ − □ − □ = □

15 − 6 =

□□ − □ − □ = □

13 − 4 =

□□ − □ − □ = □

16 − 8 =

□□ − □ − □ = □

17 − 8 =

□□ − □ − □ = □

11 − 3 =

□□ − □ − □ = □

14 − 5 =

□□ − □ − □ = □

12 − 5 =

□□ − □ − □ = □

15 − 7 =

□□ − □ − □ = □

18 − 9 =

□□ − □ − □ = □

Wir springen von 11 rückwärts über den Zehner!

20 ZÜ ⊖

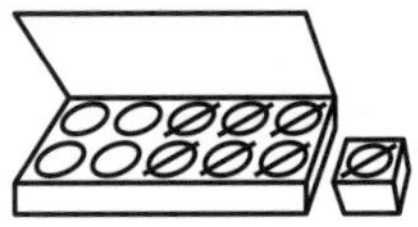

11 − 7 =

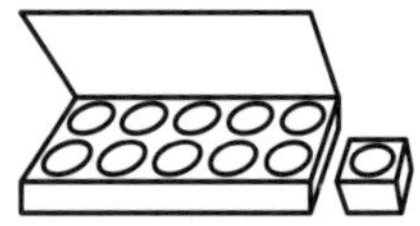

11 − 6 =

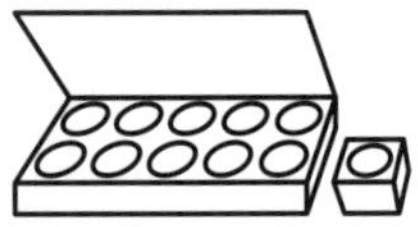

11 − 8 =

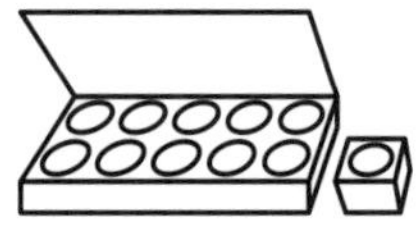

11 − 2 =

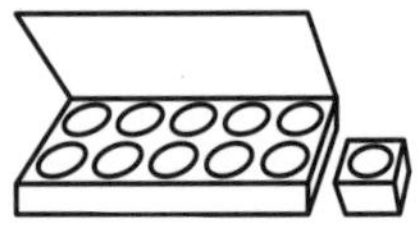

11 − 9 =

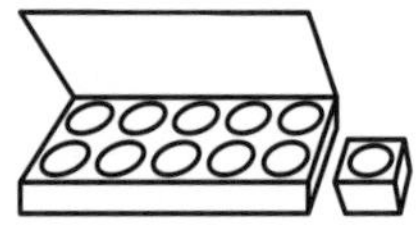

11 − 3 =

Kannst du es schon auswendig?

11 − 5 =

11 − 4 =

11 − 8 =

11 − 7 =

11 − 2 =

11 − 9 =

11 − 6 =

11 − 8 =

11 − 3 =

11 − 5 =

Wir springen von 12 und 13 zurück!

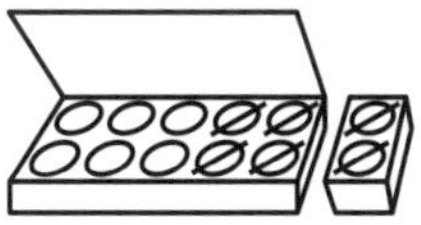

12 − 6 =

□□ − □ − □ = □

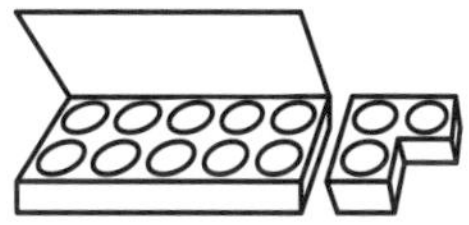

13 − 5 =

□□ − □ − □ = □

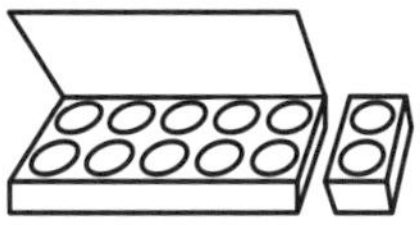

12 − 5 =

□□ − □ − □ = □

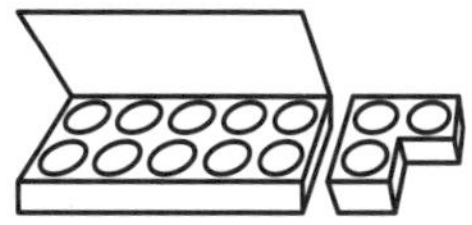

13 − 9 =

□□ − □ − □ = □

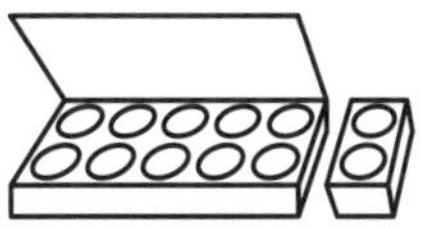

12 − 8 =

□□ − □ − □ = □

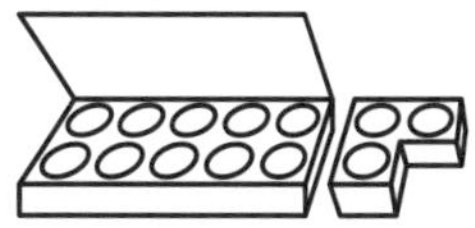

13 − 7 =

□□ − □ − □ = □

12 − 6 =

□□ − □ − □ = □

13 − 8 =

□□ − □ − □ = □

12 − 4 =

□□ − □ − □ = □

13 − 6 =

□□ − □ − □ = □

12 − 7 =

□□ − □ − □ = □

13 − 7 =

□□ − □ − □ = □

12 − 3 =

□□ − □ − □ = □

13 − 5 =

□□ − □ − □ = □

12 − 9 =

□□ − □ − □ = □

13 − 4 =

□□ − □ − □ = □

Rückwärtsspringen!

20 ZÜ ⊖

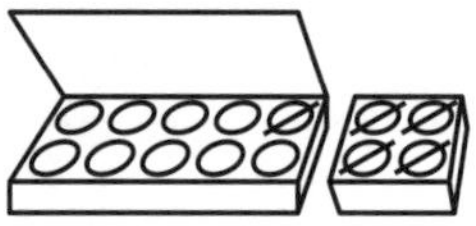

14 − 5 =

□□ − □ − □ = □

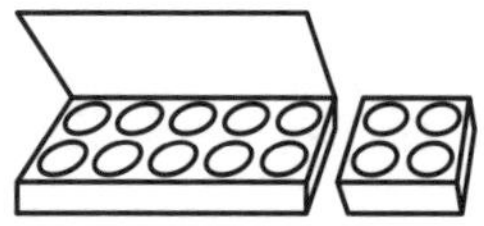

14 − 6 =

□□ − □ − □ = □

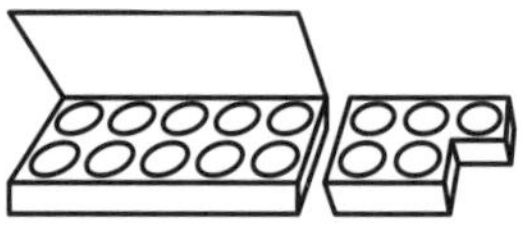

15 − 7 =

□□ − □ − □ = □

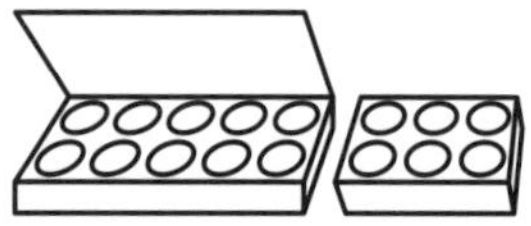

16 − 7 =

□□ − □ − □ = □

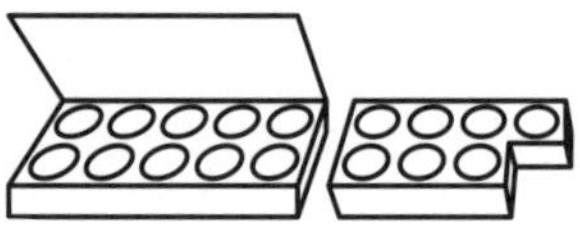

17 − 9 =

□□ − □ − □ = □

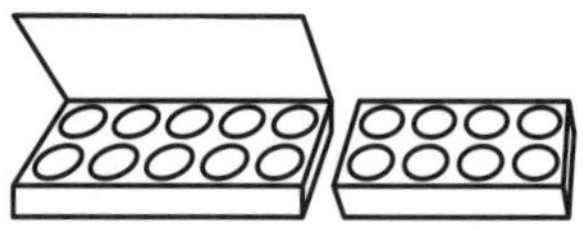

18 − 9 =

□□ − □ − □ = □

Wie viele außen? Wie viele innen? Wie viele bleiben?

14 − 7 =

□□ − □ − □ = □

15 − 8 =

□□ − □ − □ = □

14 − 9 =

□□ − □ − □ = □

16 − 9 =

□□ − □ − □ = □

14 − 8 =

□□ − □ − □ = □

16 − 8 =

□□ − □ − □ = □

15 − 9 =

□□ − □ − □ = □

17 − 8 =

□□ − □ − □ = □

15 − 6 =

□□ − □ − □ = □

18 − 9 =

□□ − □ − □ = □

Kistler/Schneider: Rechnen ohne Stolperstein, Band 2B. Illustrationen: Anja Lindemann

Noch mehr Rückwärtssprünge!

20 ZÜ ⊖

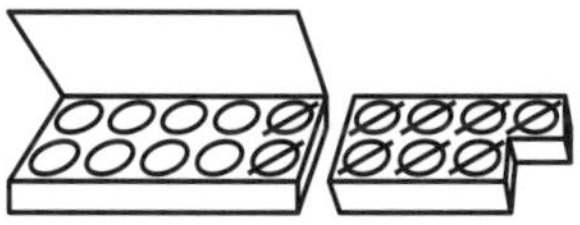

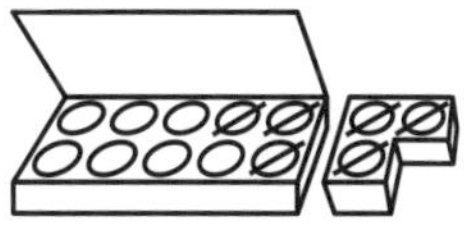

17 − 9 =

16 − 7 =

14 − 7 =

15 − 8 =

13 − 6 =

11 − 4 =

18 − 9 =

12 − 5 =

Wie viele außen? Wie viele innen? Wie viele bleiben?

11 − 7 =

16 − 9 =

13 − 8 =

18 − 9 =

16 − 8 =

17 − 8 =

14 − 8 =

15 − 9 =

12 − 7 =

15 − 7 =

⊖ Minusaufgaben

Ohne Plättchen!

20 ZÜ ⊖

16 − 9 =	12 − 8 =
11 − 5 =	17 − 8 =
13 − 4 =	15 − 6 =
18 − 9 =	14 − 5 =
16 − 8 =	15 − 7 =

Wie viele außen? Wie viele innen? Wie viele bleiben?

12 − 4 =	14 − 6 =
16 − 7 =	11 − 3 =
17 − 9 =	13 − 5 =
12 − 7 =	14 − 9 =
15 − 8 =	13 − 8 =

Kistler/Schneider: Rechnen ohne Stolperstein, Band 2B. Illustrationen: Anja Lindemann

⊖ Minusaufgaben

20 ZÜ ⊖

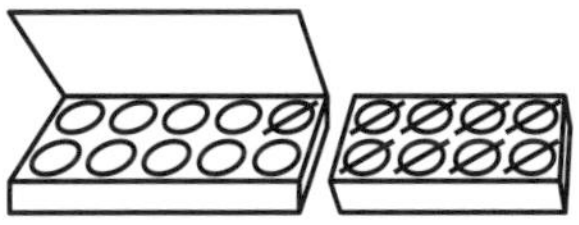

18 − 9 =

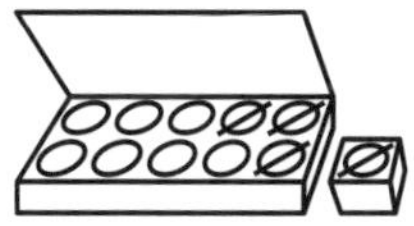

11 − 4 =

12 − 6 =

13 − 7 =

14 − 8 =

16 − 8 =

17 − 8 =

13 − 4 =

Wie heißt die Aufgabe?

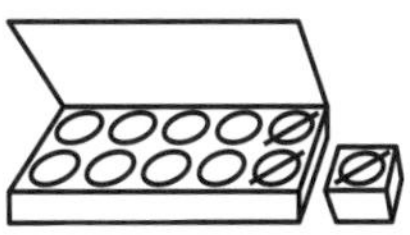

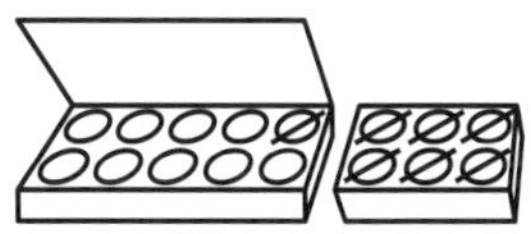

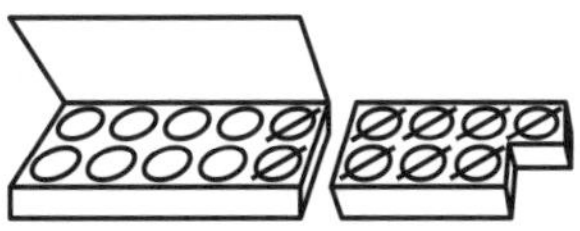

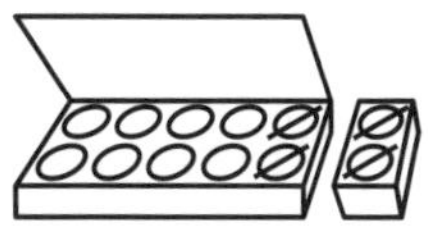

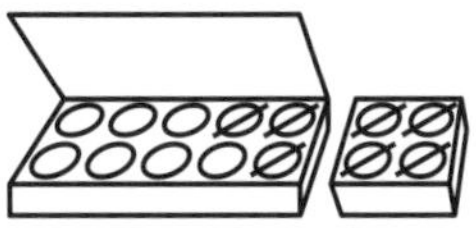

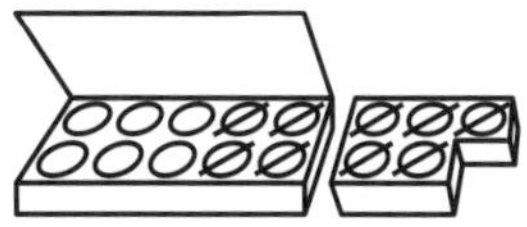

⊖ Minusaufgaben

20
ZÜ ⊖

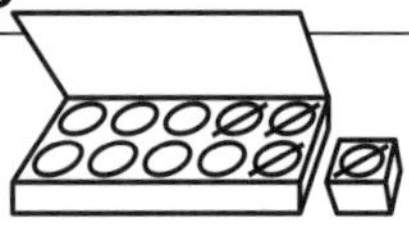

11 – 4 = ☐

11 –

11 – 2 = ☐
11 – 7 = ☐
11 – 9 = ☐
11 – 3 = ☐
11 – 6 = ☐
11 – 5 = ☐
11 – 8 = ☐
11 – 4 = ☐

12 – 6 = ☐
12 – 9 = ☐
12 – 4 = ☐
12 – 7 = ☐
12 – 3 = ☐
12 – 5 = ☐
12 – 8 = ☐

12 –

11 – 3 = ☐
12 – 3 = ☐
11 – 6 = ☐
12 – 6 = ☐
11 – 9 = ☐
12 – 9 = ☐
11 – 5 = ☐
12 – 4 = ☐
11 – 7 = ☐
12 – 7 = ☐

Wie viele außen? Wie viele innen? Wie viele bleiben?

16 – 7 = ☐
16 – 9 = ☐
16 – 8 = ☐

16 –

15 –

15 – 7 = ☐
15 – 9 = ☐
15 – 8 = ☐
15 – 6 = ☐

18 –

18 – 9 = ☐

11 – 9 = ☐
12 – 9 = ☐
14 – 9 = ☐
13 – 9 = ☐
16 – 9 = ☐
15 – 9 = ☐
18 – 9 = ☐
17 – 9 = ☐
11 – 3 = ☐
12 – 3 = ☐

17 –

17 – 9 = ☐
17 – 8 = ☐

14 – 5 = ☐
14 – 9 = ☐
14 – 7 = ☐
14 – 6 = ☐
14 – 8 = ☐

14 –

13 – 5 = ☐
13 – 8 = ☐
13 – 6 = ☐
13 – 9 = ☐
13 – 7 = ☐
13 – 4 = ☐

13 –

Kistler/Schneider: Rechnen ohne Stolperstein, Band 2B. Illustrationen: Anja Lindemann

⊖ Minusaufgaben

20 ZÜ ⊖

14 – 7 =	17 – 8 =	
12 – 6 =	13 – 5 =	17 – 8 =
16 – 9 =	11 – 4 =	14 – 5 =
15 – 6 =	15 – 8 =	15 – 9 =
13 – 8 =	17 – 9 =	13 – 9 =
16 – 8 =	12 – 8 =	13 – 6 =
11 – 3 =	14 – 9 =	15 – 7 =
14 – 6 =	11 – 9 =	12 – 7 =
12 – 9 =	16 – 7 =	12 – 3 =
18 – 9 =	11 – 2 =	11 – 5 =

Wie viele außen? Wie viele innen? Wie viele bleiben?

12	15	11	13	14
– 5 =	– 8 =	– 2 =	– 6 =	– 9 =
– 8 =	– 7 =	– 5 =	– 7 =	– 7 =
– 6 =	– 9 =	– 6 =	– 9 =	– 5 =
– 3 =	– 6 =	– 4 =	– 5 =	– 8 =
– 7 =		– 9 =	– 8 =	– 6 =
– 4 =		– 3 =	– 4 =	
– 9 =		– 7 =		

Zehnertrick!

20 ZÜ ⊖

16 − 9 = ☐

16 ⊖ 10 ⊕ 1

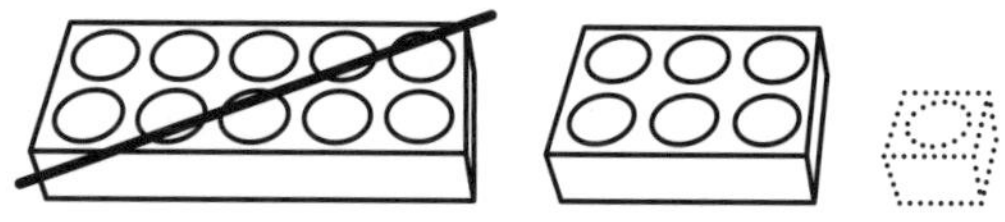

12 − 8 = ☐

12 ⊖ 10 ⊕ 2

11 − 9 = ☐

11 ⊖ 10 ⊕ 1

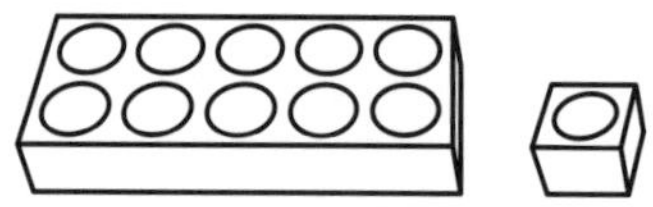

14 − 8 = ☐

14 ⊖ 10 ⊕ 2

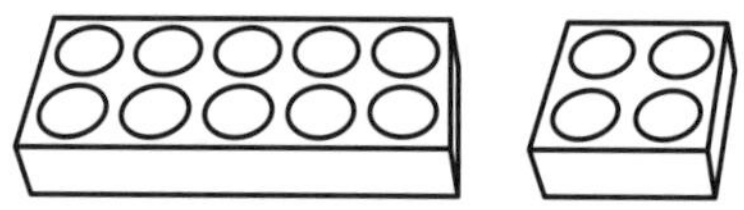

Versuche selbst den Zehnertrick!

13 − 9 = ☐

☐ ⊖ ☐ ⊕ ☐

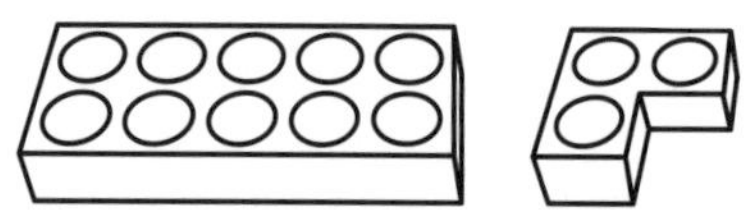

17 − 9 = ☐

☐ ⊖ ☐ ⊕ ☐

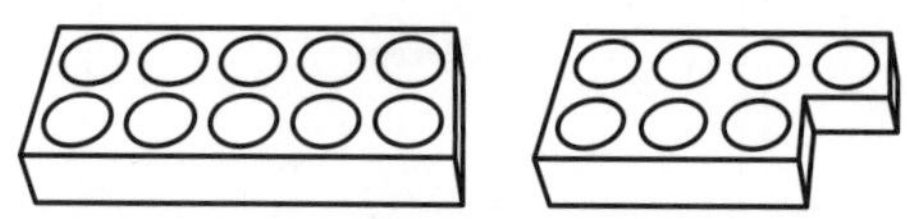

11 − 8 = ☐

☐ ⊖ ☐ ⊕ ☐

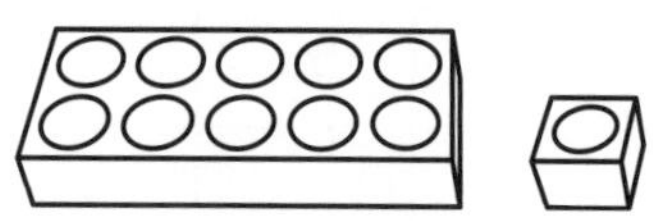

15 − 9 = ☐

☐ ⊖ ☐ ⊕ ☐

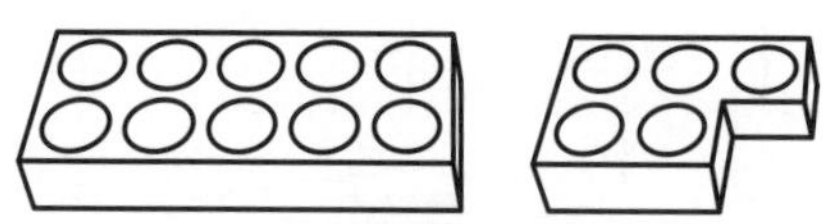

Kistler/Schneider: Rechnen ohne Stolperstein, Band 2B. Illustrationen: Anja Lindemann

Halbieren – teile gerecht!

20 ZÜ ⊖

12 = 6 + ☐

10	=	☐	+	☐	6	=	☐	+ ☐
18	○	☐	○	☐	16	○	☐	○ ☐
14	○	☐	○	☐	12	○	☐	○ ☐
8	○	☐	○	☐	20	○	☐	○ ☐

Fehlersuche: Streiche falsche Aufgaben aus! Trage die Buchstaben der richtigen Aufgaben unten ein!

E: 14 – 8 = 8

T: 14 – 8 = 6

R: 17 – 8 = 9

O: 13 – 7 = 7

D: 16 – 8 = 6

A: 12 – 4 = 6

S: 15 – 7 = 7

K: 20 – 9 = 9

I: 13 – 7 = 6

I: 16 – 8 = 8

C: 12 – 4 = 8

G: 15 – 7 = 8

H: 20 – 9 = 11

K: 17 – 8 = 8

Lösungswort:

☐☐☐☐☐☐☐

Rechengeschichten

20 ZÜ ⊖

In der 2. Klasse sind 14 Kinder.
7 Kinder gehen zum Werken.
Wie viele Kinder bleiben in der Klasse?

Wir rechnen: ☐☐ ○ ☐☐ ○ ☐☐

Wir antworten: ______________________________

16 Kinder sind im Schwimmbad.
9 Kinder gehen zum Duschen.
Wie viele Kinder sind noch beim Schwimmen?

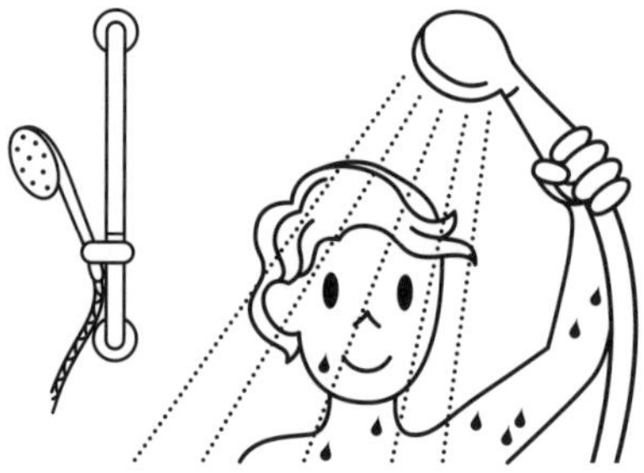

Wir rechnen: ☐☐ ○ ☐☐ ○ ☐☐

Wir antworten: ______________________________

Achtung: Kettenaufgaben!

(11)
18 − 7 − 6 = ___

16 ___ 8 ___ 7 = ___

15 ___ 7 ___ 2 = ___

14 ___ 7 ___ 5 = ___

13 ___ 2 ___ 2 = ___

11 ___ 1 ___ 6 = ___

19 ___ 7 ___ 9 = ___

17 ___ 0 ___ 8 = ___

Achtung: Plus- und Minusaufgaben!

20 □□ ZÜ

$6 + 5 =$

□ + □ + □ = □□

$13 - 7 =$

□ − □ − □ = □

$7 + 8 =$ □□

$17 - 8 =$ □

$15 - 9 =$ □

$4 + 8 =$ □□

Wie heißen die Aufgaben?

□□ ○ □□ ○ □□

□□ ○ □□ ○ □□

□□ ○ □□ ○ □□

□□ ○ □□ ○ □□

□□ ○ □□ ○ □□

□□ ○ □□ ○ □□

□□ ○ □□ ○ □□

□□ ○ □□ ○ □□

□□ ○ □□ ○ □□

Achtung: Plus- und Minusaufgaben!

20 ZÜ

12 − 6 = ☐	8 + 5 = ☐	
6 + 6 = ☐	16 − 7 = ☐	9 + 6 = ☐
13 − 9 = ☐	6 + 8 = ☐	2 + 9 = ☐
7 + 6 = ☐	9 + 9 = ☐	7 + 7 = ☐
18 − 9 = ☐	11 − 9 = ☐	12 − 4 = ☐
5 + 7 = ☐	14 − 5 = ☐	4 + 7 = ☐
11 − 3 = ☐	17 − 8 = ☐	12 − 9 = ☐
8 + 8 = ☐	3 + 9 = ☐	13 − 8 = ☐
3 + 8 = ☐	5 + 9 = ☐	15 − 8 = ☐
15 − 9 = ☐	11 − 5 = ☐	4 + 9 = ☐

Rechne mit dem Ergebnis weiter!

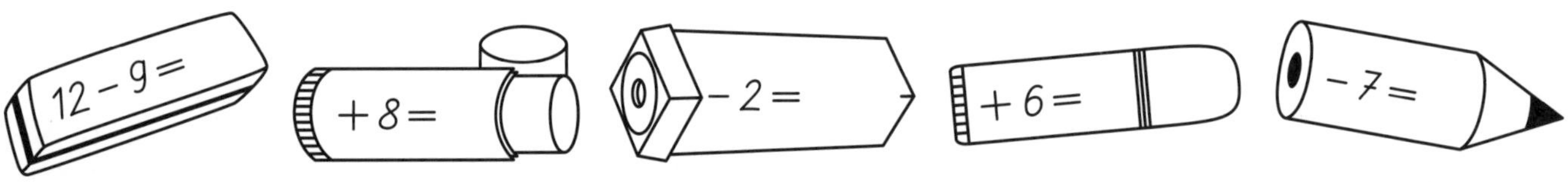

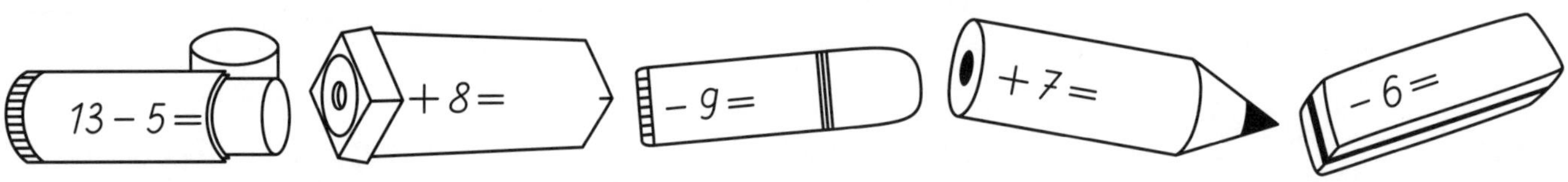

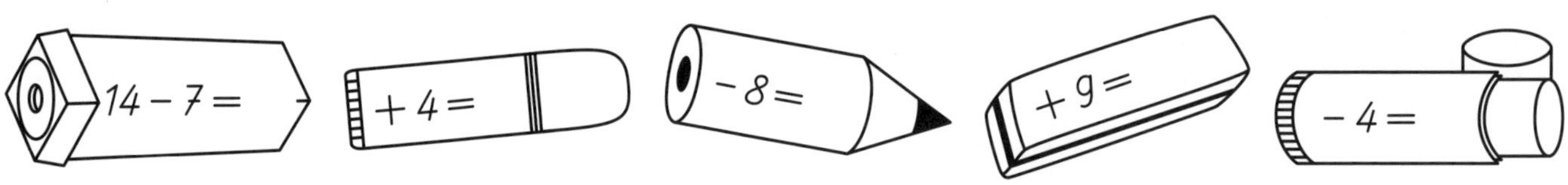

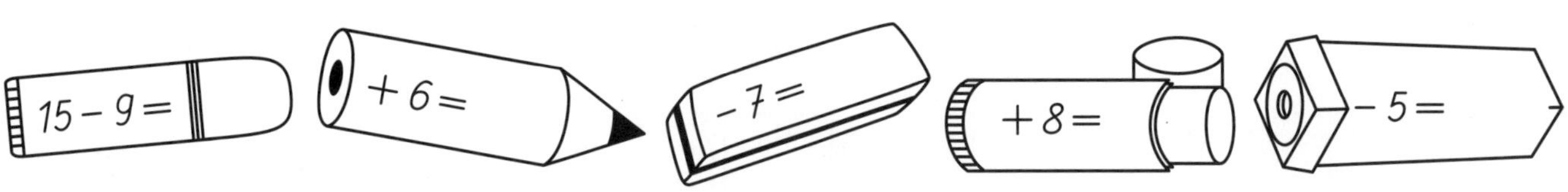

Kistler/Schneider: Rechnen ohne Stolperstein, Band 2B. Illustrationen: Anja Lindemann

Achtung: Plus- und Minusaufgaben gemischt!

20 ZÜ

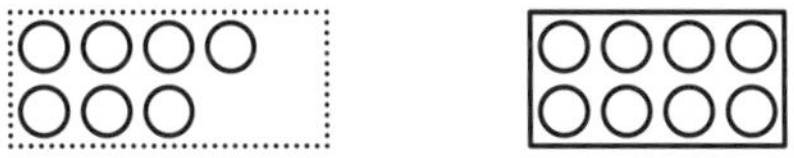

$7 + 8 = \square$

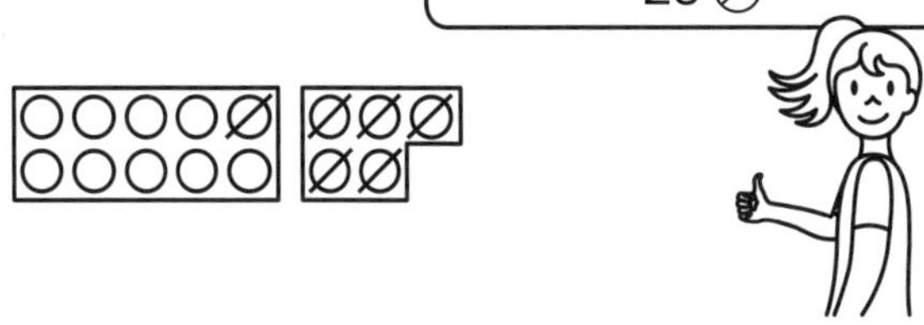

$15 - 6 = \square$

$2 + 9 = \square$	$7 - 7 = \square$	$12 - 4 = \square$
$9 + 4 = \square$	$11 - 7 = \square$	$15 - 9 = \square$
$13 - 5 = \square$	$3 + 8 = \square$	$8 + 9 = \square$
$7 + 4 = \square$	$13 - 6 = \square$	$16 - 8 = \square$
$16 - 7 = \square$	$18 - 9 = \square$	$9 + 9 = \square$
$6 + 7 = \square$	$8 + 8 = \square$	$4 + 9 = \square$

Rechnen in der Schule

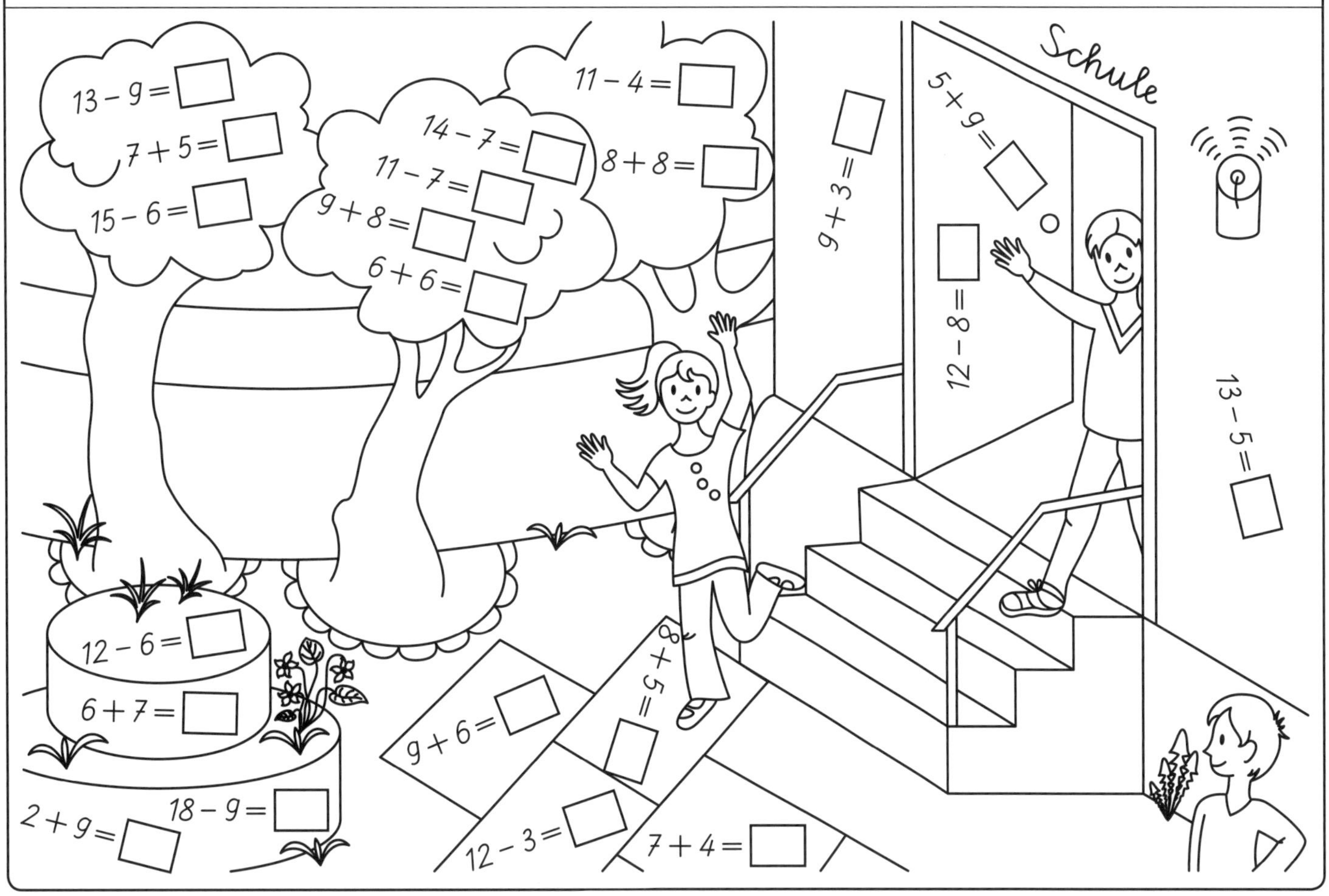

Achtung: Plus- und Minusaufgaben gemischt!

20 ZÜ

14 − 7 = ☐	4 + 7 = ☐	
6 + 6 = ☐	13 − 5 = ☐	15 − 7 = ☐
16 − 8 = ☐	9 + 7 = ☐	6 + 5 = ☐
5 + 8 = ☐	18 − 9 = ☐	11 − 9 = ☐
7 + 8 = ☐	8 + 8 = ☐	12 − 9 = ☐
14 − 5 = ☐	7 + 9 = ☐	7 + 7 = ☐
8 + 3 = ☐	17 − 9 = ☐	13 − 4 = ☐
7 + 4 = ☐	9 + 9 = ☐	16 − 9 = ☐
12 − 6 = ☐	11 − 4 = ☐	8 + 6 = ☐
2 + 9 = ☐	14 − 6 = ☐	13 − 8 = ☐

Male das richtige Ergebnis aus!

Lösungssatz: ☐☐ ☐☐☐☐ ☐☐☐☐ ☐☐☐☐☐☐☐☐☐☐

18 − 9 =	9 D	10 I	8 A	9 + 3 =	12 R	13 A	14 E
3 + 8 =	12 C	10 M	11 U	7 + 4 =	10 S	11 E	12 N
5 + 9 =	13 A	14 B	15 H	13 − 8 =	6 B	5 CH	7 S
11 − 7 =	3 B	4 I	2 CK	2 + 9 =	10 A	12 L	11 E
6 + 8 =	11 E	13 I	14 S	16 − 9 =	6 R	7 N	8 U
15 − 9 =	6 T	7 N	5 R	11 − 3 =	8 K	9 E	10 M
4 + 9 =	15 EI	13 H	14 B	7 + 7 =	13 CH	14 Ö	15 E
12 − 4 =	6 L	7 N	8 E	14 − 7 =	5 K	6 P	7 N
17 − 8 =	8 K	10 Ü	9 U	8 + 3 =	10 E	11 I	12 O
8 + 5 =	14 H	13 T	12 L	15 − 6 =	8 M	9 G	10 R

Kistler/Schneider: Rechnen ohne Stolperstein, Band 2B. Illustrationen: Anja Lindemann

Achtung: Plus- und Minusaufgaben

20 ZÜ

16 + 0 = ☐	10 + 9 = ☐	
9 + 3 = ☐	19 − 6 = ☐	13 − 8 = ☐
13 + 7 = ☐	18 − 9 = ☐	2 + 9 = ☐
19 − 5 = ☐	3 + 8 = ☐	16 − 9 = ☐
7 + 4 = ☐	5 + 9 = ☐	13 + 4 = ☐
14 − 5 = ☐	17 − 2 = ☐	12 + 5 = ☐
15 − 8 = ☐	11 − 7 = ☐	17 − 4 = ☐
6 + 5 = ☐	6 + 8 = ☐	14 + 5 = ☐
18 − 5 = ☐	18 − 7 = ☐	4 + 7 = ☐
14 + 2 = ☐	15 + 3 = ☐	7 + 6 = ☐

Für Spürnasen:

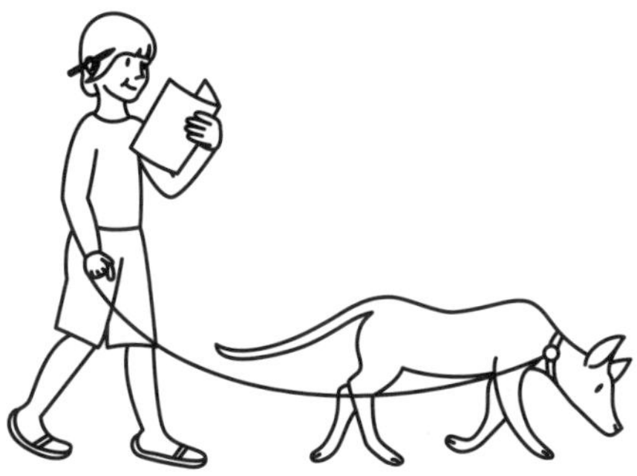

9 + 2 = ☐☐
9 + 3 = ☐☐
9 + 4 = ☐☐
☐☐ ◯ ☐☐ ◯ ☐☐

11 − 2 = ☐☐
11 − 3 = ☐☐
11 − 4 = ☐☐
☐☐ ◯ ☐☐ ◯ ☐☐

8 + 5 = ☐☐
9 + 4 = ☐☐
10 + 3 = ☐☐
☐☐ ◯ ☐☐ ◯ ☐☐

11 − 2 = ☐☐
18 − 9 = ☐☐
14 − 5 = ☐☐
☐☐ ◯ ☐☐ ◯ ☐☐

6 + 5 = ☐☐
14 − 2 = ☐☐
7 + 6 = ☐☐
☐☐ ◯ ☐☐ ◯ ☐☐

Finde immer zwei Aufgaben!

20 ZÜ ⊕⊖

9 2 11	13 6 7	
☐☐ ○ ☐☐ ○ ☐☐ ☐☐ ○ ☐☐ ○ ☐☐	☐☐ ○ ☐☐ ○ ☐☐ ☐☐ ○ ☐☐ ○ ☐☐	
18 9 9	14 9 5	12 7 5
☐☐ ○ ☐☐ ○ ☐☐ ☐☐ ○ ☐☐ ○ ☐☐	☐☐ ○ ☐☐ ○ ☐☐ ☐☐ ○ ☐☐ ○ ☐☐	☐☐ ○ ☐☐ ○ ☐☐ ☐☐ ○ ☐☐ ○ ☐☐
12 8 4	16 8 8	17 8 9
☐☐ ○ ☐☐ ○ ☐☐ ☐☐ ○ ☐☐ ○ ☐☐	☐☐ ○ ☐☐ ○ ☐☐ ☐☐ ○ ☐☐ ○ ☐☐	☐☐ ○ ☐☐ ○ ☐☐ ☐☐ ○ ☐☐ ○ ☐☐
11 8 3	15 7 8	13 7 6
☐☐ ○ ☐☐ ○ ☐☐ ☐☐ ○ ☐☐ ○ ☐☐	☐☐ ○ ☐☐ ○ ☐☐ ☐☐ ○ ☐☐ ○ ☐☐	☐☐ ○ ☐☐ ○ ☐☐ ☐☐ ○ ☐☐ ○ ☐☐

⊕ und ⊖ !

13 + 6 = ☐	16 + 2 = ☐	5 + 8 = ☐
14 – 5 = ☐	12 – 6 = ☐	11 – 1 = ☐
8 + 3 = ☐	2 + 9 = ☐	7 + 8 = ☐
17 + 3 = ☐	15 – 4 = ☐	16 + 3 = ☐
7 + 4 = ☐	12 – 2 = ☐	13 + 5 = ☐

⊕ oder ⊖ ?

15 ○ 4 = 19	11 ○ 2 = 13	18 ○ 2 = 20
17 ○ 8 = 9	13 ○ 9 = 4	19 ○ 9 = 10
13 ○ 1 = 14	5 ○ 8 = 13	15 ○ 6 = 9
8 ○ 4 = 12	12 ○ 6 = 6	11 ○ 4 = 15

Kistler/Schneider: Rechnen ohne Stolperstein, Band 2B. Illustrationen: Anja Lindemann

Rechengeschichten

20 ☐☐
ZÜ

Luzia und Celia benutzen ihre Farbstifte gemeinsam.
Luzia hat 9 Stifte, Celia hat 8 Stifte.
Wie viele Stifte haben beide Mädchen?

Wir rechnen: ☐☐ ○ ☐☐ ○ ☐☐

Wir antworten: ____________________

Christian räumt sein Mäppchen auf.
Er besitzt 13 Buntstifte.
3 Stifte kann er nicht mehr finden.
Wie viele Stifte hat er noch?

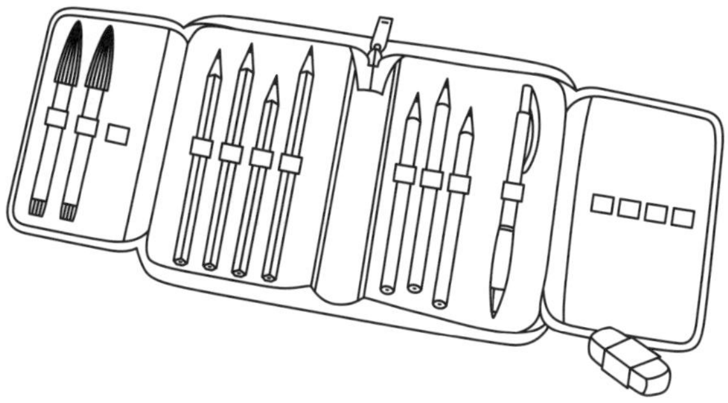

Wir rechnen: ☐☐ ○ ☐☐ ○ ☐☐

Wir antworten: ____________________

Die Kinder basteln Blumen als Fensterschmuck.
Die Mädchen machen 8 Blumen, die Jungen schaffen 5 Blumen. Wie viele Blumen können sie ans Fenster hängen?

Wir rechnen: ☐☐ ○ ☐☐ ○ ☐☐

Wir antworten: ____________________

Die Hausmeisterin verkauft Semmeln in der Pause. Sie hat noch 11 Semmeln.
Davon kauft sich Margit 3 Semmeln.
Wie viele Semmeln bleiben übrig?

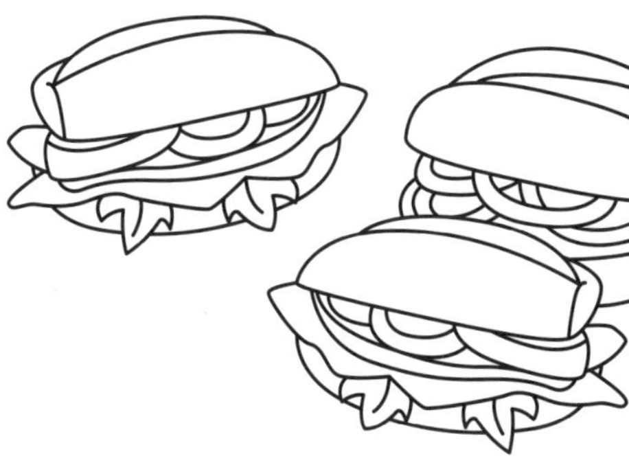

Wir rechnen: ☐☐ ○ ☐☐ ○ ☐☐

Wir antworten: ____________________

Üben, üben, üben!
Für fleißige Mädchen und Jungen:

20 ZÜ

9 + 4 =

15 − 6 =

3 + 8 =
17 − 9 =
6 + 6 =
7 + 9 =
16 − 8 =
11 − 6 =

13 − 7 =
5 + 8 =
7 + 5 =
4 + 8 =
16 − 9 =
5 + 6 =

6 + 9 =
15 − 7 =
12 − 6 =
14 − 7 =
6 + 7 =
8 + 4 =

Male richtig aus! Wie heißt das Lösungswort?

11 − 4 =
18 − 9 =
7 + 6 =
8 + 8 =
17 − 8 =
12 − 6 =

7 + 9 =
16 − 7 =
13 − 6 =
15 − 7 =
7 + 7 =
12 − 9 =

14 − 7 =
6 + 8 =
12 − 8 =
12 − 5 =
17 − 9 =
6 + 6 =

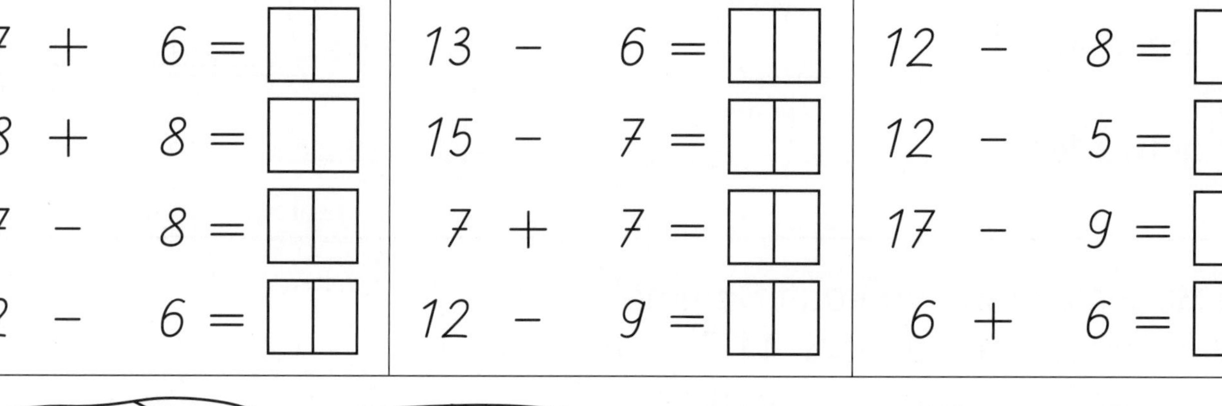

Rechenrätsel

20 ZÜ

$14 - 8 =$

$17 - 9 =$

$9 + 6 =$

$8 + 7 =$

$6 + 9 =$

$11 - 9 =$

$12 - 7 =$

$6 + 5 =$

$7 + 4 =$

$12 - 8 =$

$14 + 2 =$

$17 - 4 =$

$20 - 10 =$

$20 - 6 =$

$11 + 8 =$

$12 + 6 =$

$19 - 6 =$

$20 - 5 =$

$17 - 2 =$

Rechenbücher

Vorsicht: Gemischte Aufgaben!

20 ZÜ

7 + 8 =	2 + 9 =	
15 + 3 =	3 + 7 =	17 − 7 =
19 − 7 =	16 − 4 =	11 + 6 =
18 − 6 =	5 + 10 =	6 + 5 =
11 + 6 =	18 − 12 =	13 − 6 =
13 + 3 =	15 − 14 =	14 − 7 =
12 + 4 =	14 − 2 =	12 − 11 =
9 + 8 =	17 − 8 =	13 + 5 =
16 − 8 =	17 − 9 =	18 + 1 =
2 + 10 =	9 + 6 =	18 − 6 =

Zehnersprung – ja oder nein?

3 + 9 =	ja	nein	14 + 5 =	ja	nein
11 − 1 =	ja	nein	8 + 7 =	ja	nein
16 + 3 =	ja	nein	16 − 12 =	ja	nein
14 − 5 =	ja	nein	12 − 6 =	ja	nein
11 − 7 =	ja	nein	14 + 3 =	ja	nein
6 + 7 =	ja	nein	5 + 8 =	ja	nein
13 + 7 =	ja	nein	17 + 2 =	ja	nein
14 − 11 =	ja	nein	10 + 10 =	ja	nein
17 − 9 =	ja	nein	13 − 4 =	ja	nein
8 + 9 =	ja	nein	18 − 9 =	ja	nein

Kistler/Schneider: Rechnen ohne Stolperstein, Band 2B. Illustrationen: Anja Lindemann

20 ☐☐

ZÜ ±

Drei Freundinnen:

9 | 2 | 11

☐☐ + ☐☐ = ☐☐ | ☐☐ − ☐☐ = ☐☐ | ☐☐ = ☐☐ + ☐☐

☐☐ + ☐☐ = ☐☐ | ☐☐ − ☐☐ = ☐☐ | ☐☐ = ☐☐ + ☐☐

13 | 5 | 8

☐☐ + ☐☐ = ☐☐ | ☐☐ − ☐☐ = ☐☐ | ☐☐ = ☐☐ + ☐☐

☐☐ + ☐☐ = ☐☐ | ☐☐ − ☐☐ = ☐☐ | ☐☐ = ☐☐ + ☐☐

7 | 16 | 9

☐☐ + ☐☐ = ☐☐ | ☐☐ − ☐☐ = ☐☐ | ☐☐ = ☐☐ + ☐☐

☐☐ + ☐☐ = ☐☐ | ☐☐ − ☐☐ = ☐☐ | ☐☐ = ☐☐ + ☐☐

Drei Freunde:

3 | 11 | 8

☐☐ + ☐☐ = ☐☐ | ☐☐ − ☐☐ = ☐☐ | ☐☐ = ☐☐ + ☐☐

☐☐ + ☐☐ = ☐☐ | ☐☐ − ☐☐ = ☐☐ | ☐☐ = ☐☐ + ☐☐

11 | 6 | 5

☐☐ + ☐☐ = ☐☐ | ☐☐ − ☐☐ = ☐☐ | ☐☐ = ☐☐ + ☐☐

☐☐ + ☐☐ = ☐☐ | ☐☐ − ☐☐ = ☐☐ | ☐☐ = ☐☐ + ☐☐

12 | 8 | 4

☐☐ + ☐☐ = ☐☐ | ☐☐ − ☐☐ = ☐☐ | ☐☐ = ☐☐ + ☐☐

☐☐ + ☐☐ = ☐☐ | ☐☐ − ☐☐ = ☐☐ | ☐☐ = ☐☐ + ☐☐

Pfiffig rechnen: Zehnertrick und Tauschaufgabe!

20 ZÜ

11 − 8 = ☐

11 ⊖ 10 ⊕ 2

4 + 8 =

8 ⊕ 4 ⊜ ☐☐

14 − 9 = ☐

☐ ⊖ ☐ ⊕ ☐

2 + 9 =

☐ ⊕ ☐ ⊜ ☐☐

13 − 8 = ☐

☐ ⊖ ☐ ⊕ ☐

3 + 9 =

☐ ⊕ ☐ ⊜ ☐☐

Male aus, wo du pfiffig rechnest!

11 − 2 = ☐

12 − 9 = ☐

12 − 8 = ☐

4 + 9 = ☐

12 − 3 = ☐

3 + 8 = ☐

13 − 9 = ☐

15 − 8 = ☐

20 − 9 = ☐

16 − 9 = ☐

9 + 4 = ☐

7 + 9 = ☐

15 − 9 = ☐

6 + 8 = ☐

7 + 7 = ☐

11 − 8 = ☐

14 − 8 = ☐

8 + 7 = ☐

5 + 8 = ☐

14 − 7 = ☐

5 + 9 = ☐

Kistler/Schneider: Rechnen ohne Stolperstein, Band 2B. Illustrationen: Anja Lindemann

Auf dem Wochenmarkt: Wie viele Eier sind auf den Tischen?

100

Zehner-Zahlen

Welche Zehner-Zahlen siehst du? Schreibe rot, blau und grün!

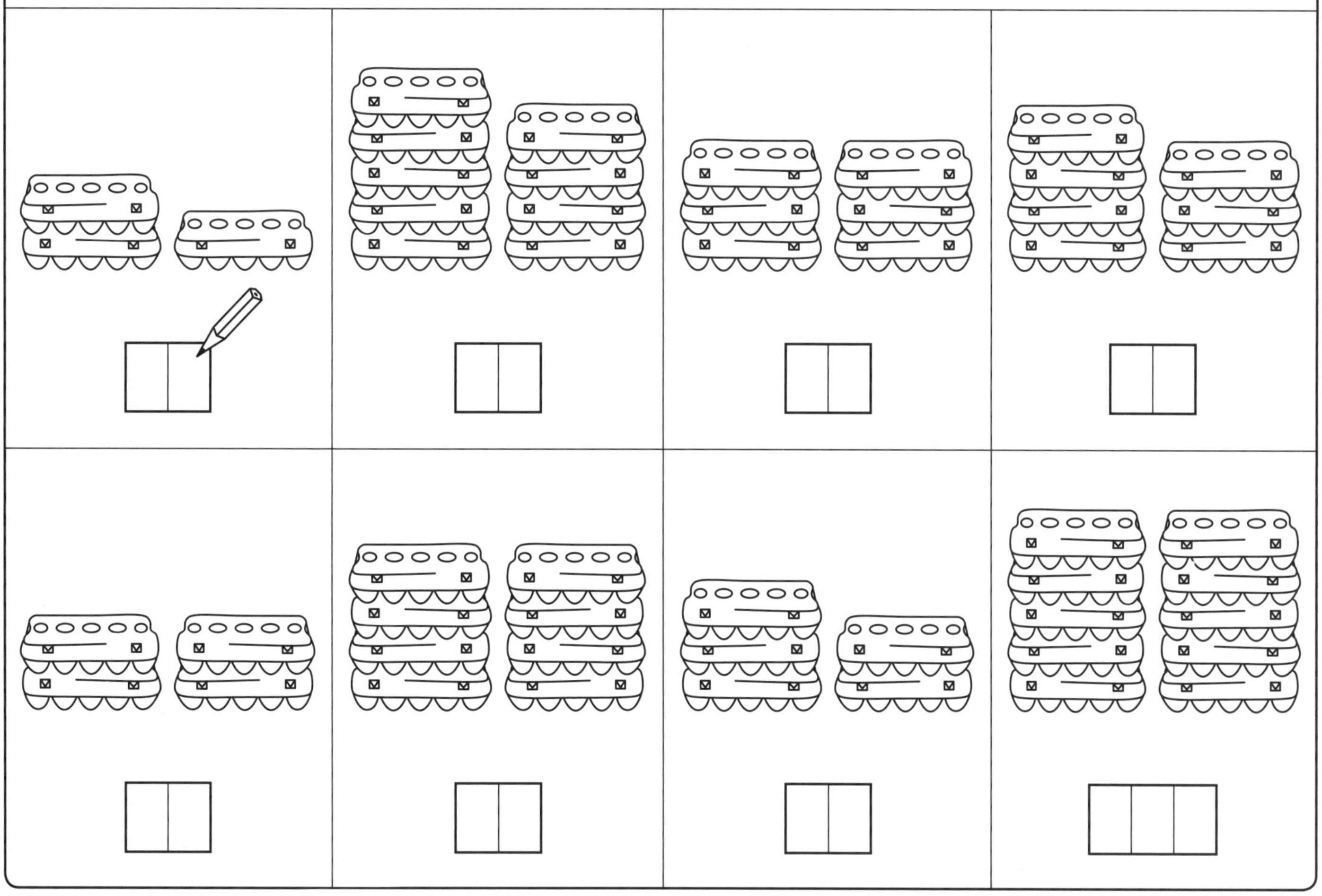

Male die Zehner-Schachteln dazu!

100

Zehner-Zahlen

80	70	20	
30	50	90	40

Welche Zahlen siehst du? Schreibe rot, blau und grün!

Kistler/Schneider: Rechnen ohne Stolperstein, Band 2B. Illustrationen: Anja Lindemann

Verbinde richtig! Spure die Zahlen nach: rot, blau und grün!

Zehner-Zahlen

dreißig		70
fünfzig		40
siebzig		30
vierzig		50
achtzig		100
hundert		60
zwanzig		80
sechzig		20

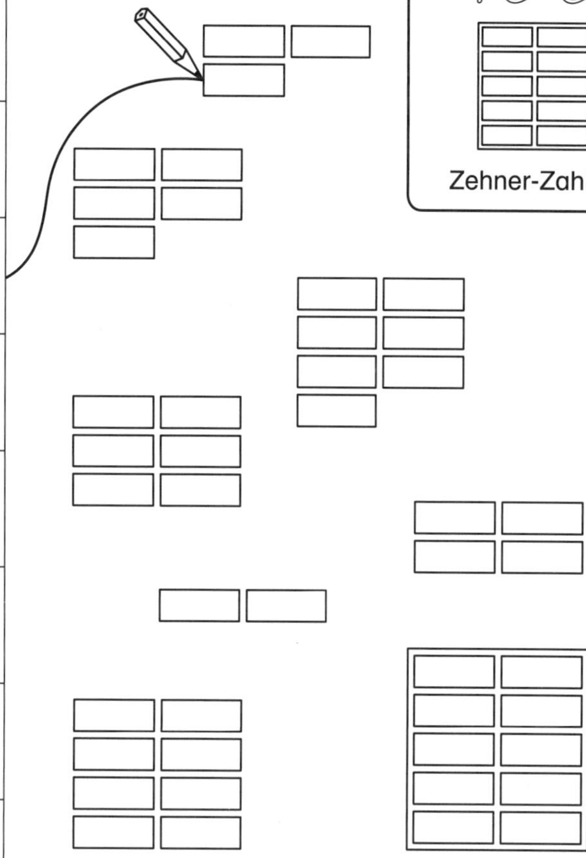

Schreibe die Zahlen in den richtigen Farben!

dreißig	fünfzehn	dreizehn
neunzig	zwölf	neun
hundert	neunzehn	siebzig
sechzig	elf	siebzehn
sechzehn	vier	fünf
zwanzig	vierzehn	achtzehn
fünfzig	zehn	achtzig
achtzig	vierzig	zwei

Verbinde in der richtigen Reihenfolge!

100

Orientierung

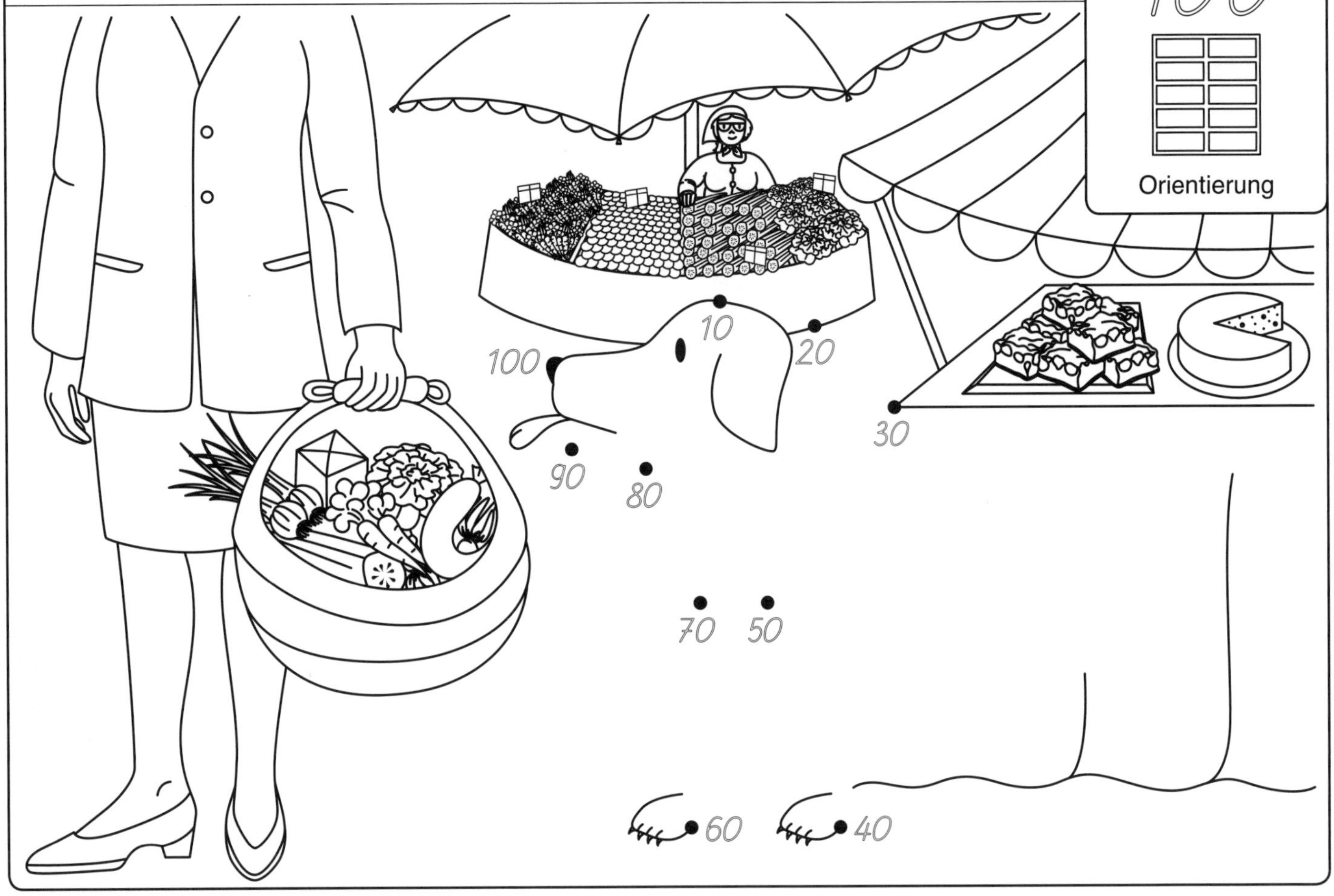

Nachbarn:

80	90			50		40			30			60				80			90
	100		70				70			60		50				30			20

	30				80					100			60				50	
40					70				40				90				90	

	20			60					60	

	12					90			80				19					19
10					70				11			10					14	
	50				9				17				40				80	

Kistler/Schneider: Rechnen ohne Stolperstein, Band 2B. Illustrationen: Anja Lindemann

Wir vergleichen: 

100
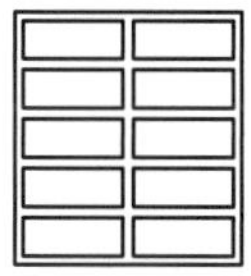
> = <

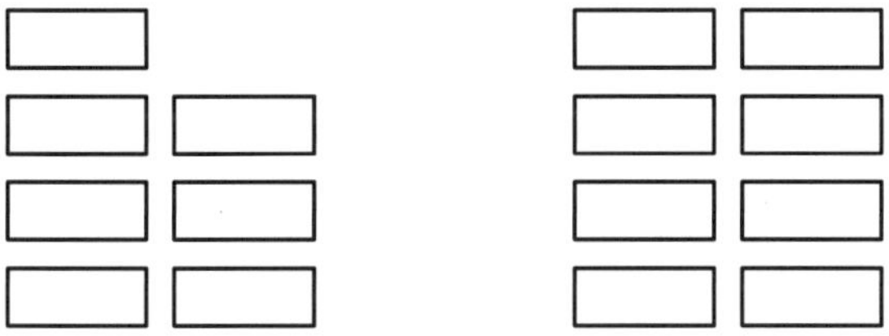

□□ ○ □□

□□ ○ □□

30 (<) 50	100 ○ 90	10 ○ 20	20 ○ 12
70 ○ 60	30 ○ 40	50 ○ 40	100 ○ 10
90 ○ 100	20 ○ 13	60 ○ 70	60 ○ 50
80 ○ 70	50 ○ 60	90 ○ 80	80 ○ 90
20 ○ 15	70 ○ 80	40 ○ 30	90 ○ 100

Welche Zehner passen?

60 < 70	40 > □□	50 < □□	80 < □□
50 > □□	10 < □□	90 > □□	30 > □□
90 < □□	80 = □□	40 < □□	20 < □□
100 > □□	70 < □□	30 < □□	40 = □□
80 > □□	70 > □□	20 > □□	60 > □□

60 < □□ < 80	20 < □□ < 90	10 < □□ < 50	10 < □□ < 30
50 > □□ > 10	70 < □□ < 90	80 > □□ > 60	90 > □□ > 70
30 < □□ < 90	30 > □□ > 10	80 < □□ < 100	40 > □□ > 20
20 < □□ < 50	40 < □□ < 80	70 > □□ > 50	50 < □□ < 80
80 > □□ > 40	90 > □□ > 50	90 > □□ > 60	60 < □□ < 90

⊕ Plusaufgaben: Rechne und male!

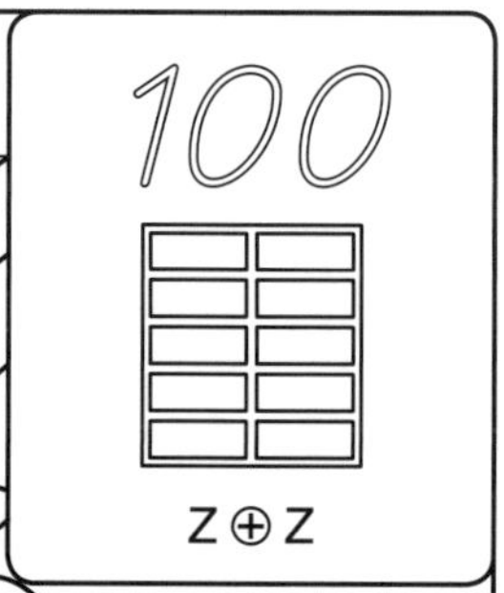

$40 + 10 =$	$20 + 40 =$	$10 + 30 =$	
$50 + 30 =$	$40 + 40 =$	$90 + 10 =$	$60 + 30 =$

Male die Aufgabe!

$40 + 30 =$	$50 + 20 =$	$10 + 40 =$	$20 + 20 =$
$40 + 20 =$	$60 + 40 =$	$70 + 30 =$	$20 + 30 =$

Kistler/Schneider: Rechnen ohne Stolperstein, Band 2B. Illustrationen: Anja Lindemann

Wie heißt die Aufgabe?

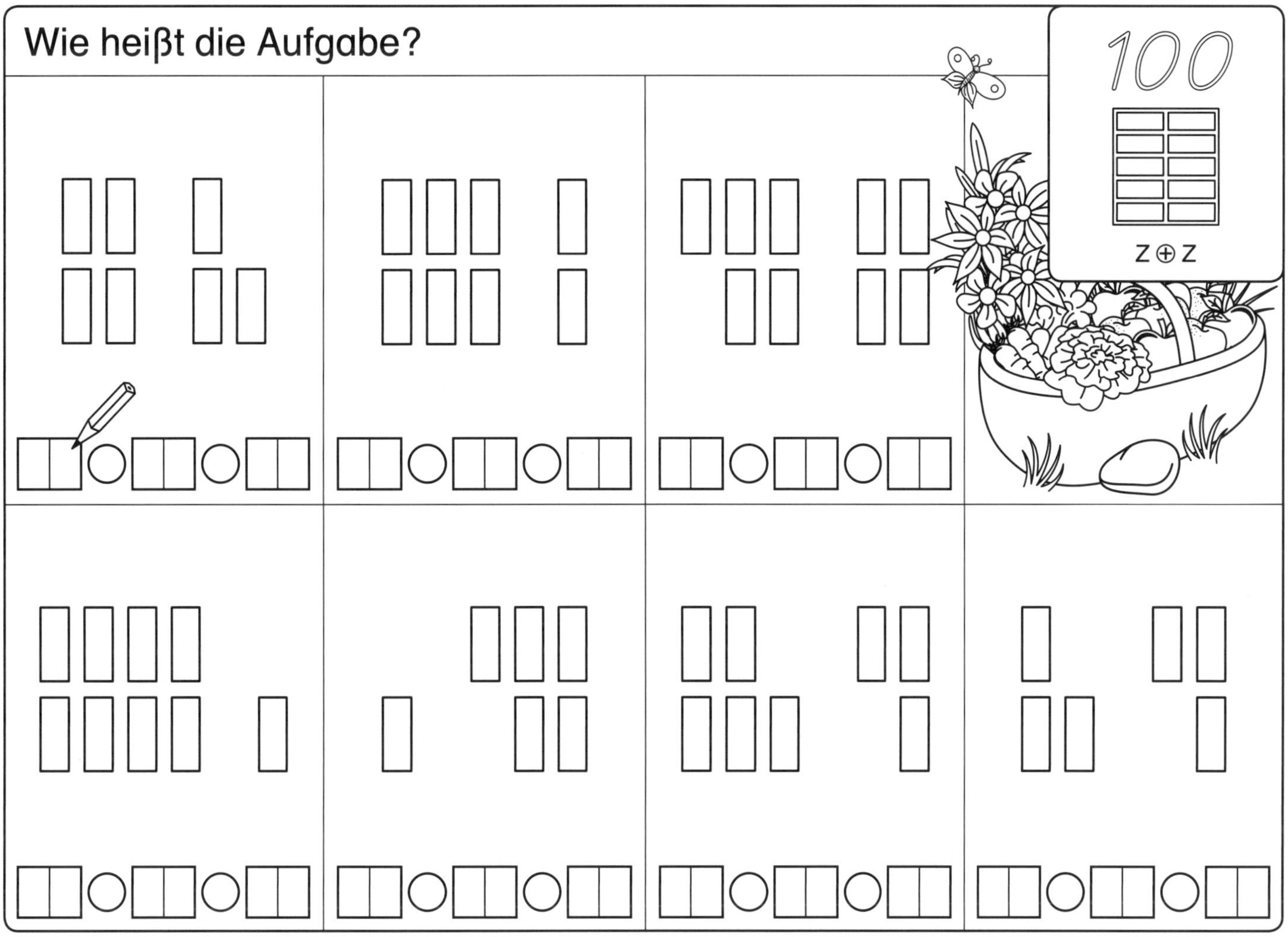

Jetzt gut aufgepasst!

20 + 30 =	10 + 30 =	20 + 10 =	50 + 50 =
15 + 2 =	40 + 30 =	90 + 10 =	60 + 30 =
70 + 10 =	6 + 7 =	17 + 3 =	30 + 20 =
30 + 30 =	20 + 20 =	60 + 40 =	40 + 10 =
10 + 20 =	80 + 10 =	40 + 20 =	80 + 20 =
40 + 50 =	70 + 30 =	30 + 50 =	10 + 80 =
8 + 5 =	20 + 50 =	10 + 90 =	100 + 0 =
20 + 70 =	30 + 40 =	40 + 40 =	20 + 60 =
10 + 50 =	20 + 80 =	14 + 3 =	11 + 5 =
50 + 30 =	30 + 60 =	30 + 70 =	10 + 70 =

⊖ Minusaufgaben: Streiche durch und rechne!

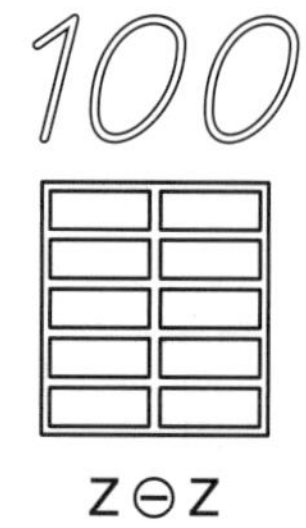

40 − 20 = ☐☐

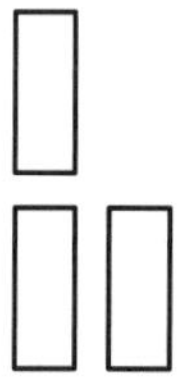

30 − 10 = ☐☐

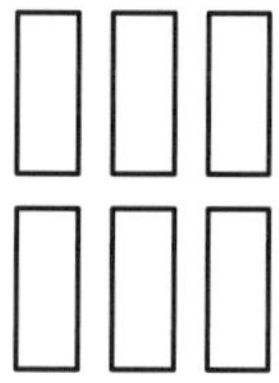

60 − 30 = ☐☐

20 − 10 = ☐☐

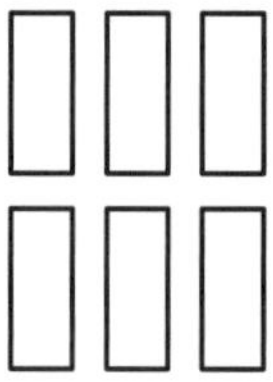

60 − 40 = ☐☐

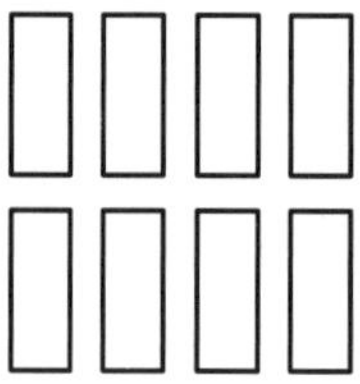

80 − 50 = ☐☐

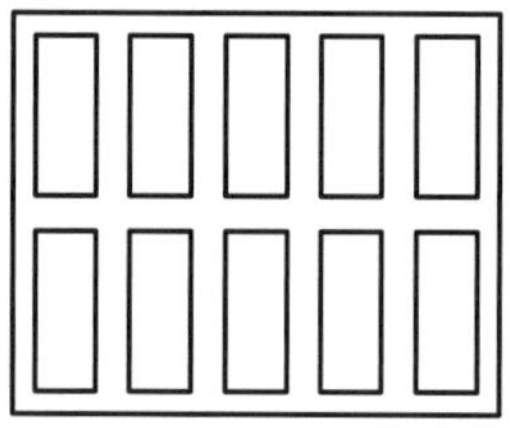

100 − 30 = ☐☐

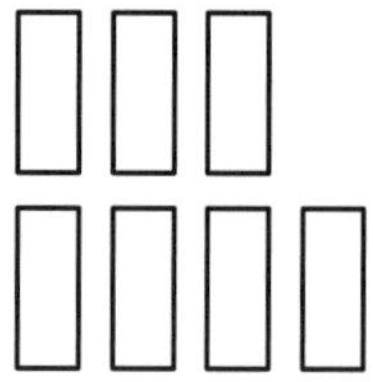

70 − 50 = ☐☐

Male die Aufgabe!

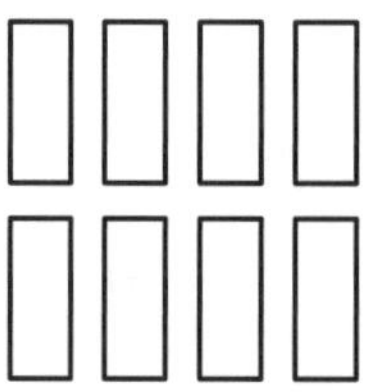

80 − 20 = ☐☐

40 − 30 = ☐☐

70 − 40 = ☐☐

90 − 60 = ☐☐

100 − 60 = ☐☐

60 − 20 = ☐☐

90 − 50 = ☐☐

50 − 20 = ☐☐

Wie heißt die Rechnung?

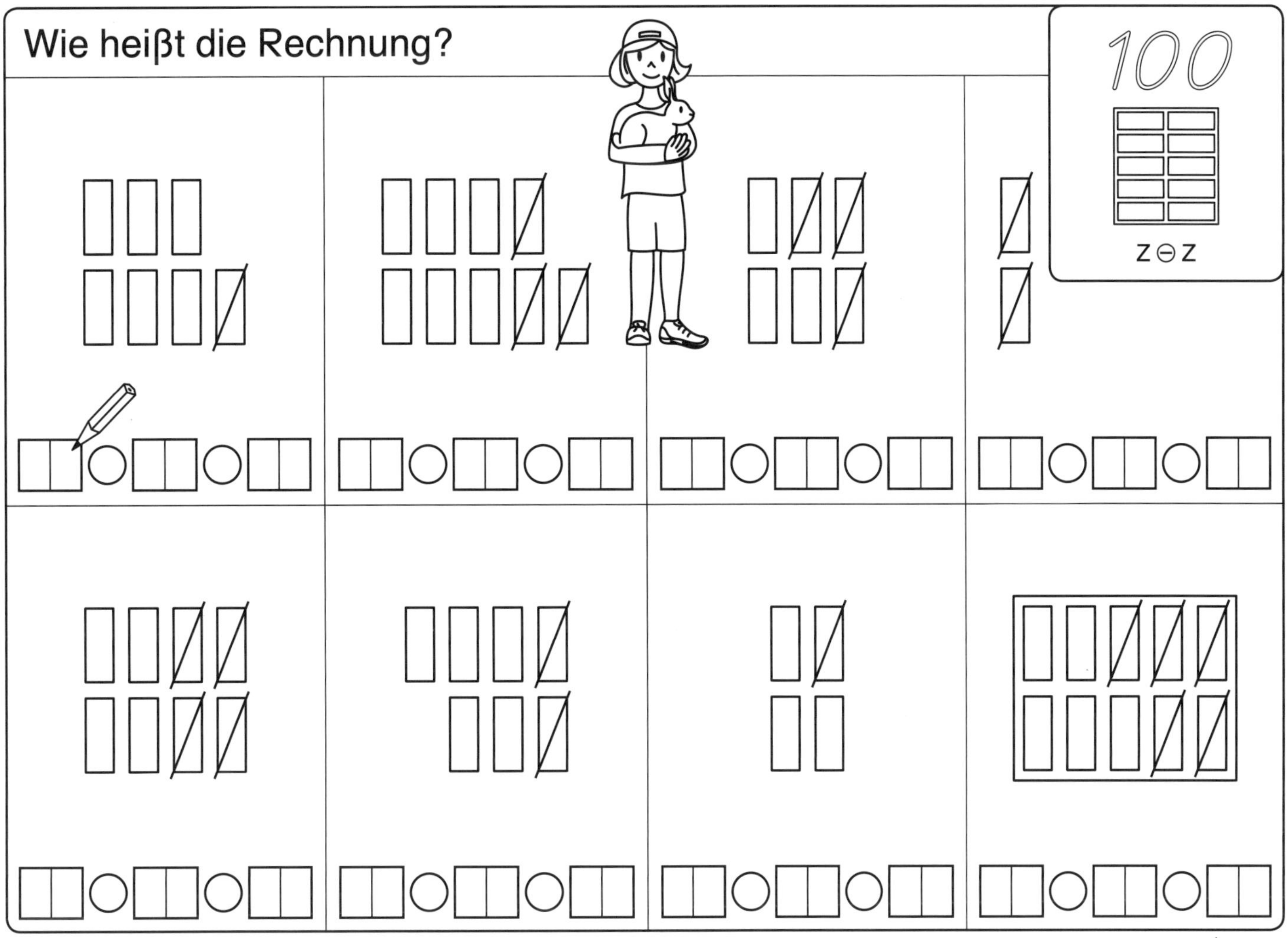

Los geht's!

40 − 20 =	50 − 40 =	80 − 70 =	10 − 10 =
30 − 20 =	90 − 20 =	100 − 80 =	20 − 8 =
20 − 4 =	16 − 9 =	90 − 40 =	80 − 60 =
90 − 10 =	100 − 10 =	70 − 30 =	50 − 30 =
60 − 10 =	80 − 20 =	100 − 20 =	60 − 20 =
70 − 20 =	70 − 60 =	80 − 30 =	100 − 90 =
100 − 0 =	12 − 5 =	100 − 40 =	40 − 30 =
13 − 6 =	90 − 80 =	100 − 70 =	90 − 70 =
60 − 50 =	60 − 30 =	17 − 3 =	70 − 40 =
90 − 50 =	60 − 40 =	80 − 50 =	90 − 60 =

Plus- und Minusaufgaben

Mit der kleinen Aufgabe geht es einfach!

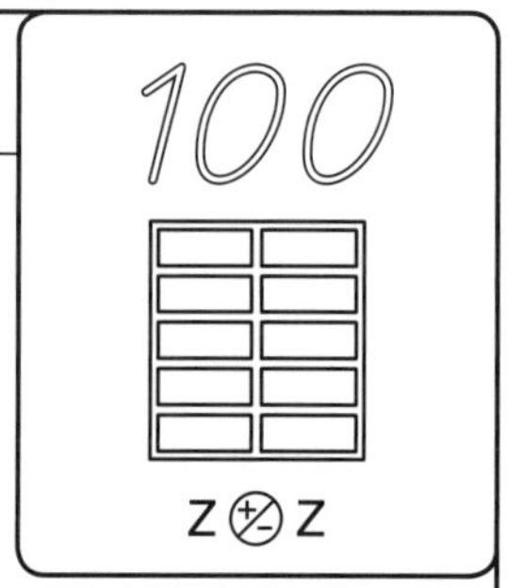

2 + 3 = ☐	20 + 30 = ☐☐	2 − 1 = ☐	20 − 10 = ☐☐
☐ ○ ☐ ○ ☐	☐☐ ○ ☐☐ ○ ☐☐	☐ ○ ☐ ○ ☐	☐☐ ○ ☐☐ ○ ☐☐

Male die Aufgabe!

70 − 50 = ☐☐	30 + 20 = ☐☐	17 − 5 = ☐☐	80 − 40 = ☐☐
90 + 10 = ☐☐☐	60 − 30 = ☐☐	9 − 6 = ☐☐	10 + 80 = ☐☐

Kistler/Schneider: Rechnen ohne Stolperstein, Band 2B. Illustrationen: Anja Lindemann

Achtung: Plus- und Minusaufgaben!

100

Z ± Z

70 − 20 =	20 + 30 =	90 − 20 =	
30 + 40 =	19 − 5 =	10 + 40 =	
10 + 10 =	80 − 30 =	14 − 6 =	
60 − 30 =	9 + 10 =	40 + 40 =	10 + 30 =
70 − 30 =	30 + 30 =	80 − 20 =	70 − 40 =
100 − 50 =	40 − 30 =	20 + 70 =	30 − 20 =
11 + 8 =	30 + 70 =	8 + 7 =	50 − 50 =
50 + 20 =	50 − 30 =	80 − 40 =	60 + 40 =
50 − 40 =	80 + 10 =	60 − 40 =	10 + 80 =
10 + 50 =	10 + 90 =	90 − 40 =	90 − 70 =

Aufgabenmarkt

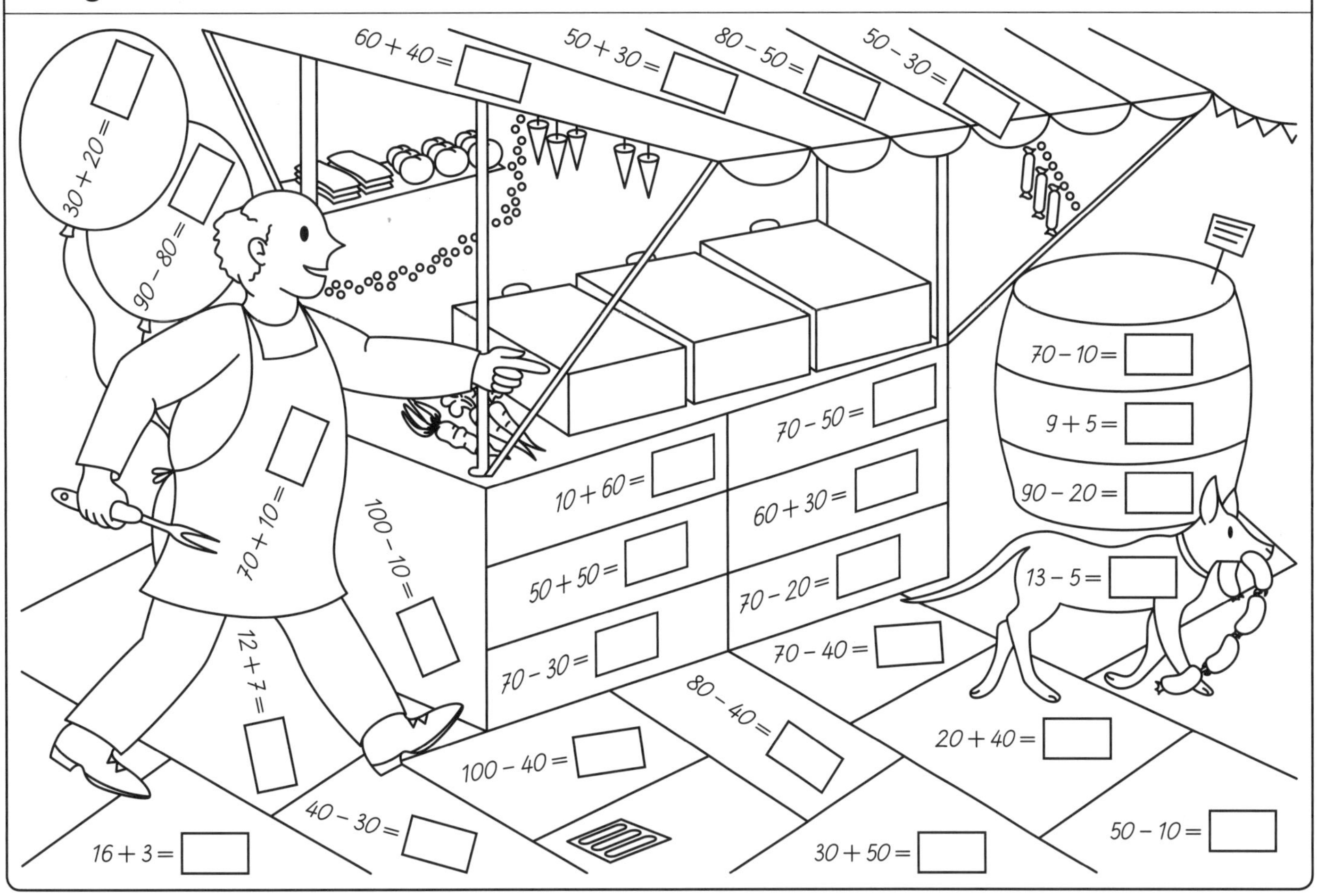

Rechengeschichten

100

Zehner-Zahlen

Die Marktfrau hat schon 30 Euro in der Kasse. Sie verkauft weitere Eier für 20 Euro. Wie viel Euro hat sie jetzt in der Kasse?

Wir rechnen: ☐☐ ○ ☐☐ ○ ☐☐

Wir antworten: ____________________

Steffi hat an ihrem Marktstand nur noch 20 Karotten. Ihr Mann bringt im Lieferwagen noch 40 Karotten. Wie viele Karotten hat sie nun?

Wir rechnen: ☐☐ ○ ☐☐ ○ ☐☐

Wir antworten: ____________________

Um 12 Uhr hat die Eierfrau noch 9 volle Eierschachteln. Um 13 Uhr sind nur noch 10 Eier übrig. Wie viele Eier hat sie verkauft?

Wir rechnen: ☐☐ ○ ☐☐ ○ ☐☐

Wir antworten: ____________________

Am Bratspieß brutzeln 30 Hähnchen. 20 Hähnchen sind fertig gebraten. Der Verkäufer nimmt sie vom Spieß. Wie viele Hähnchen stecken noch am Bratspieß?

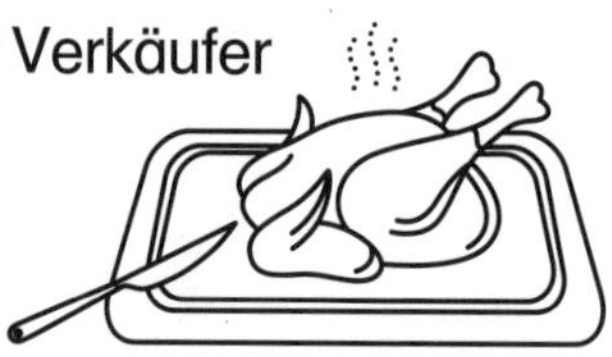

Wir rechnen: ☐☐ ○ ☐☐ ○ ☐☐

Wir antworten: ____________________

Hinrich hat an seinem Blumenstand 40 gelbe Tulpen und 40 lila Tulpen. Wie viele Tulpen hat Hinrich insgesamt an seinem Stand?

Wir rechnen: ☐☐ ○ ☐☐ ○ ☐☐

Wir antworten: ____________________

Am Morgen sind 100 rote Rosen im Blumeneimer. Als der Markt beendet ist, hat die Händlerin nur noch 10 Rosen übrig. Wie viele Rosen hat sie verkauft?

Wir rechnen: ☐☐☐ ○ ☐☐ ○ ☐☐

Wir antworten: ____________________